J. G. Bennett

Gurdjieff

*Ursprung und Hintergrund
seiner Lehre*

WILHELM HEYNE VERLAG
MÜNCHEN

SPHINX BEI HEYNE
Herausgegeben von Michael Görden
Nr. 08/3013

Aus dem Englischen von Theo Kierdorf
und Hildegard Höhr.

Umwelthinweis:
Dieses Buch wurde auf
chlor- und säurefreiem Papier gedruckt.

Copyright © 1984 Nachlaß J. G. Bennett
Die Originalausgabe erschien unter dem Titel
GURDJIEFF; A VERY GREAT ENIGMA
im Verlag Coombe Springs Press, Moorcote, North Yorkshire, England
und Samuel Weiser, York Beach, USA
Die deutschsprachige Ausgabe erschien zuerst 1989
im Sphinx Medien Verlag, Basel
Copyright © der deutschsprachigen Ausgabe 1995
by Heinrich Hugendubel Verlag, München
Alle deutschsprachigen Rechte vorbehalten.
Genehmigte Taschenbuchlizenzausgabe 1997
im Wilhelm Heyne Verlag GmbH & Co. KG, München
Printed in Germany 1997
Umschlaggestaltung: Atelier Adolf Bachmann, Reischach
Satz: Pinkuin Satz- und Datentechnik, Berlin
Druck und Bindung: Elsnerdruck, Berlin

ISBN 3-453-12597-5

Inhalt

Gurdjieffs Herkunft

Gurdjieff ist für uns in vielerlei Hinsicht ein sehr großes Rätsel. Am auffälligsten ist die Tatsache, daß jeder, der ihn kannte, eine andere Ansicht darüber hatte, wer und was Gurdjieff war. Wenn man sich die Literatur über Gurdjieff anschaut und wenn man seine eigenen Schriften liest, stellt man fest, daß keine dieser Beschreibungen einer anderen ähnelt. Jeder, der ihn gekannt und sich mit dieser Literatur beschäftigt hat, gewinnt den Eindruck, daß alle diese Ansichten über Gurdjieff den Kern der Sache im Grunde nicht treffen. Jeder, der Gurdjieff persönlich kennengelernt hat, glaubt, etwas in Gurdjieff gesehen zu haben, das anderen entgangen sei. Dies ist zweifellos wahr, und es steht mit Gurdjieffs eigentümlicher Angewohnheit in Zusammenhang, sich zu verkleiden und als jemand anders auszugeben, als der, der er tatsächlich war. Er hatte diese höchst verwirrende Angewohnheit schon angenommen, als er in Europa gerade erst bekannt wurde.

Ein anderes Rätsel, vor das Gurdjieff uns stellt, betrifft die Quellen seiner Lehren und Lehrmethoden. Er hat nie klar gesagt, wer seine eigenen Lehrer gewesen seien. Nun kann man, wenn man sich die Mühe macht, seine Lehren

7

und Lehrmethoden zu untersuchen, fast das gesamte Material einer der bekannten Traditionen zuordnen. Bestimmte Ideen entstammen der griechisch-orthodoxen Tradition, einige der assyrischen oder babylonischen, andere dem Islam und dem Sufismus oder sind sogar einer ganz bestimmten Sufi-Sekte zuzuordnen. Manches scheint dem einen oder anderen Zweig des Buddhismus entlehnt zu sein. Es gibt sogar Hinweise darauf, daß Gurdjieff viel aus der sogenannten westlichen okkulten Tradition übernommen hat, der Tradition des Neuplatonismus und der Tradition der Rosenkreuzer. Doch bei noch genauerer Nachforschung stößt man auf Elemente, die keiner bekannten spirituellen Tradition zuzuordnen sind. Von bestimmten, sehr wichtigen Themen, die bei Gurdjieff auftauchen, ist in der gesamten spirituellen Literatur auch nicht die geringste Spur zu finden. Ich werde später näher darauf eingehen.

Gurdjieff könnte ein Synkretist gewesen sein, ein Reformer, der Fragmente verschiedener wohlbekannter Traditionen zusammenfügte oder sogar geheimer Traditionen, die er im Laufe seiner eigenen Suche entdeckte. Wenn es aber etwas gänzlich Ursprüngliches in seinen Lehren gibt, etwas, das nicht auf irgendeine frühere, bekannte oder geheime Tradition zurückzuführen ist, dann nimmt er natürlich eine völlig andere Position ein. Das zweite Rätsel, das Gurdjieff uns aufgibt, ist deshalb: Welche der beiden beschriebenen Positionen hatte er tatsächlich inne? War er nichts weiter als ein hochintelligenter Mensch, dem es gelang, auf seinen langen und weiten Reisen viele Dinge zu entdecken, der eine Menge gelesen hatte? Jemand, der Zugang hatte zu Quellenmaterial in vielen verschiedenen Sprachen und der aus dem so gesammelten Material ein eigenes System konstruierte? Oder war er ein Mensch, dem abgesehen von allem soeben Erwähnten – denn er hat all dies zweifellos getan – eine wichtige unmittelbare Einsicht zuteil wurde, die nicht auf irgendeine ältere Quelle zurückzuführen ist? Gurdjieff wäre dann ein Mensch von ganz besonderer Bedeutung, denn wahre Erneuerer sind in der Geschichte spiritueller Ideen äußerst selten.

Ich möchte noch über ein drittes Rätsel sprechen, weil es mich, als ich vor einigen Wochen die Region besuchte, in der Gurdjieff aufgewachsen ist, sehr stark beschäftigte: Wie konnte aus dieser Umgebung ein Mensch wie Gurdjieff hervorgehen? Im ehemaligen griechischen Viertel von Kars wurde ich von Gruppen kleiner Jungen belagert, die fotografiert werden wollten und um Bakschisch bettelten. Jeder von ihnen hätte ein kleiner Gurdjieff sein können. Doch das Höchste, was diese Jungen in ihrem Leben vermutlich erreichen können, ist, Chauffeur zu werden oder zur Polizei zu gehen – was dort ebenfalls ein sehr begehrter Beruf ist.

Das Gebiet zwischen dem Kaukasus und Kurdistan ist eine sehr merkwürdige Gegend. Ich muß Ihnen zunächst ein wenig über die Geographie und Geschichte dieser Region erzählen. Ich habe mir diese Karte anfertigen lassen, einen

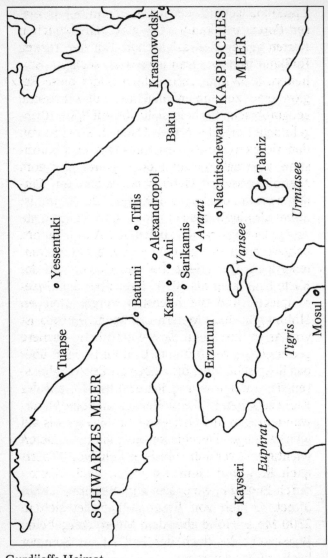

Gurdjieffs Heimat

Zusammenschnitt, der Ihnen vermutlich in dieser Form unbekannt sein wird. Die üblichen Karten zeigen den asiatischen Teil der Türkei, Rußland und den Iran jeweils als separate Einheiten. In Wirklichkeit jedoch bildet diese Region eine zusammenhängende, gut umrissene geographische Einheit (siehe die auf Seite 10 abgebildete Karte des Nahen Ostens). Sie wird von den riesigen Bergen des Kaukasus und Kurdistans überragt, darunter dem Ararat, der vom zentralasiatischen Gebirgsmassiv bis zum Mittelmeerraum der höchste Berg ist. Der Ararat ist höher als alle Berge der Alpen, und das gesamte riesige Gebirgsmassiv, zu dem der Ararat gehört, bedeckt auch eine größere Fläche als die gesamten Alpen. Der größte Teil des Gebiets auf der Karte liegt mehr als 1000 Meter über dem Meeresspiegel, und die höchsten Berge erreichen Höhen von 5000 Metern und mehr. Europa ist von Asien durch eine riesige natürliche Barriere getrennt. Sie verläuft vom Ural im Norden über das Kaspische Meer bis zu den großen Landmassen des Kaukasus und Kurdistans, wie auf der Karte zu sehen ist. Diese Barriere hat die Völkerwanderungen aus Osten wie aus Westen bis auf wenige enge Durchlässe aufgehalten. Deren wichtigster verläuft nordwestlich von Täbris nach Kars und dann fast genau nach Westen durch Erzurum, wo er sich zum Euphrat-Tal hin öffnet. Östlich von Erzurum befindet sich in 2300 Meter Höhe über dem Meeresspiegel eine Wasserscheide, doch der Paß ist im Sommer leicht zu überqueren.

Seit Urzeiten – seit mindestens zehntausend Jahren – ist diese Route von Menschen benutzt worden. Als nach der Eiszeit die Völkerwanderung in Richtung Süden einsetzte, war dies eine der wichtigsten Verbindungen. Immer wieder sind auf diesem Wege Invasoren vorgedrungen: die Parther, die Karduken und die Armenier, die Tartaren, die Mongolen und die Türken. Dschingis Khan, Tamerlan und andere berühmte Eroberer benutzten diesen Weg ebenfalls. Die Seldschuken und die Türken des Ottomanenreiches verbreiteten zwischen dem zehnten und fünfzehnten Jahrhundert den Islam in Kleinasien über die Kaukasusroute. Jede dieser Invasionswellen traf auf Widerstand, und eine der wichtigsten Verteidigungsanlagen gegen Invasoren war das viele Jahrhunderte alte Fort von Kars, das auf einem Felsen hoch über einem engen Tal errichtet wurde. Von dort aus sieht man in allen Himmelsrichtungen Berge, die ganzjährig mit Schnee bedeckt sind. Kars wurde im Laufe der Geschichte immer wieder belagert, verteidigt und erobert. Zu einer bestimmten Zeit war nicht Kars, sondern die in der Nähe liegende Stadt Ani, die Hauptstadt des bagratisch-armenischen Königreiches des achten bis zehnten Jahrhunderts, das Zentrum des Geschehens. In dieser Region wurden Invasoren bekämpft, zur Umkehr gezwungen, die Invasionen wurden fortgesetzt und kamen schließlich endgültig zum Erliegen. Tamerlan selbst hat zweimal erfolglos versucht, diesen schmalen Paß einzunehmen. Erst mit einer zweiten Armee ist ihm das gelungen – etwas, das ihm bei allen seinen vorangegangenen Eroberungszügen niemals passiert war.

Doch nicht immer kamen die Eroberer von Osten. Auch aus Europa und Kleinasien kamen Invasoren: Griechen, Römer, die Türken des Ottomanenreiches und aus dem Norden die Slaven und Kaukasier. Im 19. Jahrhundert brandeten neue Invasionswellen heran, diesmal aus dem russischen und türkischen Reich. In den Jahren 1809, 1814, 1855 und noch einmal 1877 kam es zu Kriegen zwischen Rußland und der Türkei; stets befand sich das Zentrum der Kämpfe irgendwo im Gebiet um Kars. Die Grenze zwischen beiden Ländern ist immer ein wenig östlich oder westlich von diesem Punkt verlaufen.

Kars galt wegen seiner Grenznähe nie als ein besonders sicherer Ort. Die Stadt wurde mehrmals zerstört und wiederaufgebaut. Wie in allen Städten in diesem Gebiet gibt es auch in Kars unzählige Trümmerberge. Ich bin sicher, daß all dies die Psyche der Menschen in diesem Teil der Welt sehr stark geprägt hat. Sie leben seit Jahrhunderten, wenn nicht gar Jahrtausenden, in einem Streßzustand, denn während dieser gesamten Zeitspanne mußten sie ständig mit Angriffen aus Osten oder Westen rechnen.

Zweifellos war auch Gurdjieff diesem Streß ausgesetzt. Eines der schlimmsten Ereignisse in der Stadt Kars war ihre Eroberung durch die Russen im Oktober 1877; damals kam es zu einer schrecklichen Verwüstung. Ich habe mich mit diesem Ereignis aus der türkischen und aus der russischen Sicht beschäftigt. Die Türken behaupten, die Russen hätten drei Tage lang ein wildes Massaker veranstaltet. In der russischen Geschichtsschreibung hingegen heißt es, die Türken hätten auf sehr törichte Art und Weise Widerstand geleistet, und man hätte einige Zeit gebraucht, um die verstreuten Widerstandsnester auszuräuchern. Wahrscheinlich beziehen sich beide Schilderungen auf ein und dasselbe Ereignis.

Vor 1877 war Kars eine ansehnliche Stadt mit mehr als 20 000 Einwohnern gewesen, umgeben von relativ fruchtbarem Land, allerdings nicht so fruchtbar wie das tiefer gelegene Gebiet um Täbris. Kars wurde 1877 von den Russen eingenommen, und als diese im darauffolgenden Jahr die auf dem Balkan annektierten Gebiete aufgeben mußten, wurde ihnen der Besitz von Batumi, Kars und Ardahan bestätigt. Zu jener Zeit bestand die dortige Bevölkerung zu achtzig Prozent aus Türken. Nach der Eroberung durch die Russen kam es zu einem zwei- oder dreijährigen Exodus von 80 000 Türken nach Westen. Dafür siedelten die Russen jetzt Nicht-Türken aus aller Herren Länder an. Darunter befanden sich Griechen, die die Türkei verlassen wollten. Armenier wurden aus dem südkaspischen Raum hierher gebracht, Assyrier – Aissoren, wie man sie dort nannte – aus dem Irak herbeigeholt. Auch eine große Zahl von *Yeziden* überredete man, nach Norden zu wandern und sich dort anzusiedeln. Heterodoxe Sekten wie die Molokanen und die Duchoborzen kamen aus Rußland, und sogar estnische Lutheraner ließen sich dort nieder.

Auf diese Weise entstand im Gebiet um Kars zwischen 1877 und 1880 ein außergewöhnliches Gemisch von Völkern und Kulturen. Zehntausende von Familien wurden gegen ihren Willen hin- und hergetrieben.

Alle diese Völkerbewegungen waren Bestandteil der Politik der beteiligten Regierungen. Niemand wußte mit den unzufriedenen Bevölkerungsgruppen etwas anzufangen. Die Russen wußten nicht, was sie mit der riesigen Moslempopulation machen sollten, die der russischen Vorherrschaft feindlich gegenüberstand. Die Türken wußten nicht, was sie mit ihrer zahlreichen christlichen Bevölkerung anfangen sollten, die ihnen gegenüber ebenso feindselig eingestellt war.

Dies war die Situation in Gurdjieffs Kindheit. Aus den verschiedensten Quellen sowie Gurdjieffs eigenen Berichten und aus denen seiner Familie habe ich entnommen, daß Gurdjieff vermutlich 1872 in Alexandropol geboren wurde und daß sein Vater wahrscheinlich kurz nach der Eroberung der Stadt durch die Russen, also um 1878, nach Kars zog. Gurdjieff muß damals ungefähr sechs Jahre alt gewesen sein.

Ich weiß nicht, ob Sie sich vorstellen können, wieviel Spannung und Leid eine solche Situation erzeugen kann. Ich selbst habe 1925 in Griechenland einen ähnlich umfangreichen Bevölkerungsaustausch erlebt. 1,5 Millionen Griechen wurden aus Kleinasien ins griechische Mutterland vertrieben und 400 000 Türken aus Makedonien und Thrakien nach Kleinasien. Es

15

war herzzerreißend, mit ansehen zu müssen, wie diese unglücklichen Menschen gezwungen wurden, in ein Land mit völlig anderen klimatischen Bedingungen und einem völlig anderen Lebensstil umzusiedeln. Von der ansässigen Bevölkerung wurden sie mit Mißgunst empfangen, und sie hatten große Schwierigkeiten, in den Besitz von Land zu kommen. Vermutlich haben einige von Ihnen die noch wesentlich leidvolleren Migrationen der Araber im Jordanland miterlebt. Vielleicht haben Sie sogar so wie ich die dortigen Flüchtlingslager besucht oder in Damaskus miterlebt, was mit den unglücklichen Kurden, Tartaren und anderen geschah, die von der Küste des Schwarzen Meeres vertrieben wurden. Nur wenn Sie so etwas mit eigenen Augen gesehen haben, können Sie sich vorstellen, wieviel Leid durch erzwungene Migrationen ganzer Völker entsteht, wenn die Betroffenen weder begreifen, warum sie überhaupt vertrieben werden, noch wissen, wo sie schließlich hinkommen werden.

Derartiges geschah in der Kindheit Gurdjieffs auch im Kaukasus. In der schlimmsten Phase war er noch ein kleines Kind, und als er sechs oder sieben Jahre alt war beruhigte sich die Situation allmählich. Als die Familie nach Kars zog, war die Stadt nach der schrecklichen Zerstörung und dem Blutbad von 1877 mittlerweile wiederaufgebaut worden. Frieden und Ruhe kehrten allmählich zurück.

Ein weiteres Problem in dieser Region ist das rauhe Klima. Im Winter ist es bitter kalt; die

Temperaturen sinken auf 30–40 Grad unter den Gefrierpunkt, mehrere Monate lang bedeckt Schnee das Land. Zu Beginn des Frühjahrs setzt dann sehr plötzlich das Tauwetter ein, und es folgt eine sechs- bis achtwöchige Schlammperiode. Vor einigen Monaten bin ich selbst dort gewesen und kann Ihnen versichern, in dieser Zeit kann man an nichts anderes als an Schlamm denken, da er einfach überall ist. Im anschließenden trockenen Sommer wird dieser Schlamm zu Staub. Die heiße Trockenperiode dauert vier bis fünf Monate. Günstige Lebensbedingungen sind das nicht, vor allem, wenn man keine feste Behausung hat. Soweit ich feststellen konnte, hat die ärmere Bevölkerung von Kars und den umliegenden Städten zu allen Zeiten sehr primitiv, oft in Lehmhütten gelebt, teilweise sogar in Erdlöchern, über deren Dächer manchmal Wege führten. Wenn man dort spazierengeht, weiß man nie, ob man gerade über das Dach einer solchen Behausung schreitet, es sei denn, man sieht zufällig, wie jemand daraus hervorkommt.

Was ich soeben beschrieben habe, sind die heutigen Bedingungen in Kars und Umgebung. Wie sie vor achtzig oder neunzig Jahren gewesen sein müssen, wage ich mir nicht vorzustellen; sie müssen extrem hart gewesen sein. In seinem Buch *Begegnungen mit bemerkenswerten Menschen* erwähnt Gurdjieff, wenn ich mich recht entsinne, in seiner Beschreibung über seinen Vater und seinen ersten Lehrer so gut wie nichts über die Härten dieser Situation. Vermutlich deshalb, weil er selbst so abgehärtet war, daß ihm dies als nicht erwähnenswert erschien. Ich halte es aber für wichtig, daß Sie sich ein Bild von der Härte des Lebens in Gurdjieffs Heimat sowie auch über das Leid des Krieges und der Völkerwanderungen machen können. Allein so kann man das Besondere erfassen, daß aus all dem ein Mensch hervorgehen konnte, der in der Welt so viel bewirkt hat und durch intellektuelle und (para)psychische Kraft so viele seiner Zeitgenossen, die selbst keineswegs dumm waren, beeinflußt hat.

Man muß jedoch noch etwas anderes berücksichtigen: daß dieser Winkel der Erde, mit seinen überaus harten physischen und psychischen Lebensbedingungen, ein überaus reiches kulturelles Erbe hat. In Gurdjieffs Kindheit bestand die Bevölkerung überwiegend aus Moslems, und so lernte er von Anfang an die türkische Sprache. Als ich ihn kennenlernte, sprach er besser Türkisch als Russisch. Nun haben sich die Türken, besonders diejenigen im östlichen *Vilayete*, der mystischen Seite des Islam, dem Sufismus, besonders hingegeben. In diesem Gebiet bestanden immer viele Derwischgemeinschaften. Es steht außer Zweifel, daß Gurdjieff von der islamischen Mystik beeinflußt worden ist, doch lebte er gleichzeitig in einer Region ausgeprägter griechisch- und russisch-orthodoxer Spiritualität. Darüber hinaus war er aufgrund der Abstammung seiner Mutter zur Hälfte Armenier. Sobald man das Tal überquert, wo auch das heutige Armenien liegt, haben die Armenier das Übergewicht. Ihre Tradition unterscheidet sich deutlich sowohl von der westlichen (römischen) christlichen als auch von der griechisch- und russisch-orthodoxen. Es gibt eine sehr alte armenische Tradition, deren heilige Stadt Nachitschewan ist. Sie ist mit anderen älteren, vorchristlichen Traditionen vermischt. Und nicht nur das: Außerdem gibt es dort die Assyrier oder Aissoren, die Nachfahren der Chaldäer, und es gibt auch immer noch Gemeinschaften, in denen Spuren der alten babylonischen und zoroastrischen Traditionen sowie des Mithraskultes erhalten geblieben sind. Auch mit der Tradition der Yeziden, die eine gewisse Sonderstellung einnimmt, kam Gurdjieff in Berührung; im Zentrum dieser Anschauung steht eine spezielle Form des babylonischen Dualismus, des Konfliktes zweier Mächte in der Welt – der Macht des Guten und der Macht des Bösen –, der auch in der zoroastrischen Überlieferung eine wichtige Rolle spielt.

Nicht nur diese vergleichsweise bekannten Gruppen, sondern auch viele obskure Sekten existierten zu Gurdjieffs Zeit und existieren auch heute noch. Ich frage mich, ob ein junger Mensch auf der spirituellen Suche irgendwo anders auf der Welt einer solchen Vielfalt an Einflüssen ausgesetzt sein kann wie in dieser Region des Kaukasus. Sie grenzt an den Iran, wo damals und gewiß bis auf den heutigen Tag eine starke Sufi-Tradition existiert. Sie ist auch Armenien benachbart und der völlig anders gearteten mystischen Tradition der türkischen Sufis. Gurdjieff war also in seiner Kindheit und Jugend nicht nur extrem harten Lebensbedingungen ausgesetzt, sondern er wuchs auch in einer Welt verschiedenster Traditionen und spiritueller Praktiken auf. Er selbst weist in *Begegnungen mit bemerkenswerten Menschen* auf diese Tatsache hin, einem Buch, das vermutlich alle hier Anwesenden gelesen haben.

Doch wie konnte sich in dieser Situation – den harten Lebensbedingungen des griechischen Viertels von Kars – in einem griechisch-armenischen Jungen, der kaum in der Lage war, die neu errichtete russische Schule der Stadt zu besuchen, ein die kulturellen Gegensätze seiner Umwelt vereinendes Verständnis entwickeln? Wie schaffte er es, dieser Situation zu entwachsen? Eine der vielen Merkwürdigkeiten in Gurdjieffs Leben ist, daß es ihm gelang, Kontakte anzuknüpfen, die weder durch seine Herkunft erklärbar sind – also durch sein Elternhaus und durch seine Beziehungen zu den Griechen und Armeniern von Kars – noch durch die Art von Einflüssen, die im griechischen Viertel auf ihn einwirkten. Wie ich bereits erwähnte, gab es dort auch Assyrier und Molokanen und andere ethnische Gruppen, doch aufgrund meiner Erfahrungen in anderen Teilen der Welt weiß ich, daß keine von ihnen Gurdjieff so stark zu beeinflussen vermocht hätte, wie er ganz offensichtlich beeinflußt worden ist. Noch als kleiner Junge kam er mit der russischen Bevölkerung in Kontakt und durch ein ungewöhnlich günstiges Geschick auch mit der russischen Gemeinde im Umkreis der russisch-orthodoxen Kirche von Kars, die unmittelbar nach der Eroberung im Jahre 1877 für die russische Besatzungsarmee errichtet worden war. Die meisten werden Gurdjieffs Erzählung über seine Begegnung mit Dekan Borsh von der Militärkathedrale und mit anderen Priestern dieser Kirche gelesen haben, wie sie ihn lehrten und wie er dadurch erstmals mit der westlichen Kultur jener Zeit in Berührung kam.

Dieser Kontakt hätte wahrscheinlich den Ehrgeiz jedes jungen Menschen auf der Welt befriedigt, ganz gleich, wie entschlossen er gewesen wäre, es in der Welt zu etwas zu bringen. Doch Gurdjieff sagte später, sein Interesse sei ein anderes gewesen. Er hätte ganz und gar westlich werden wollen. Dies ist für jeden verständlich, der einmal in asiatischen Ländern gewesen ist und weiß, wie verrückt man dort auf die westliche Technik ist. Wenn man weiß, wieviel Wert dort darauf gelegt wird, junge Menschen zu Ingenieuren und Wissenschaftlern auszubilden, selbst wenn ihre Begabung in einem völlig anderen Bereich liegt. Gurdjieff erging es ganz ähnlich; er wünschte sich nichts sehnlicher, als Ingenieur oder Techniker zu werden. Doch abgesehen davon, geriet er unter den Einfluß jener sehr unterschiedlichen, alten Traditionen, und sie ließen ihn nicht unberührt.

Gurdjieff war als Junge sehr verschiedenen Einflüssen ausgesetzt. Zunächst waren da die harten materiellen Lebensbedingungen und die schwierige soziale Situation; zweitens der Kontakt mit der westlichen Kultur durch die russische Garnison in Kars; drittens der Kontakt zu den älteren Traditionen, die, wie er selbst sagte, in krassem Gegensatz zu den verwestlichenden Einflüssen der Russen standen, zu denen er Beziehungen unterhielt. Zweifellos brachten gerade diese gegensätzlichen und scheinbar unvereinbaren Einflüsse Gurdjieff zu der Erkenntnis, daß er sich mit all diesen einander widersprechenden Interpretationen über die Bedeutung des menschlichen Lebens auseinandersetzen müsse. Er war dem Konflikt zwischen der christlichen und islamischen Tradition unmittelbar ausgesetzt. Ebenso erlebte er die Konflikte zwischen dem Dualismus der assyrischen und yezidischen Überlieferungen und dem Unitarismus der Christen, Moslems und Juden. Von frühester Jugend an erlebte er den Konflikt zwischen den monotheistischen und den ditheistischen (bzw. dualistischen) Anschauungen – zwischen einerseits Juden, Christen und Moslems, die an einen einzigen Gott glaubten, an einen höchsten Herrscher der Welt, und andererseits Glaubensrichtungen wie dem zoroastrischen Dualismus, deren Grundlage die Existenz zweier gleich starker, einander entgegengesetzter Kräfte war. Auch stand er am Verbindungspunkt zwischen Europa und Asien, zwischen Ost und West. Er konnte mit eigenen Augen beobachten, wie radikal verschieden diese beiden Arten der Weltsicht – die östliche und die westliche – waren, und er sah auch, daß trotz aller divergierender Anschauungen und Überzeugungen die Menschen überall gleich waren. Er lernte spirituelle Menschen und Materialisten kennen, Menschen, die nach einer inneren Realität suchten, und Menschen, die nur dem vertrauten, was sie mit eigenen Augen sahen oder was sie anfassen konnten. Welche Gruppe hatte recht, und auf was steuerten sie alle hin? Derartige Fragen waren für Gurdjieff äußerst real und brennend, und sie stellten sich ihm schon sehr früh im Leben.

Verfügte er über etwas, das ihn weitsichtiger machte als alle anderen in seiner Umgebung? Gurdjieff hat geäußert, es sei seine innerste Überzeugung, daß all dem ein Sinn innewohne, der all die manchmal geradezu abergläubischen Überzeugungen seiner alten Heimat einzubeziehen vermöchte. Ein Sinn, der jene äußerst eindrucksvollen und außergewöhnlichen Kräfte nicht zu negieren brauche, die einige Menschen in diesem Teil der Welt zweifellos besaßen – ein Sinn, der aber ebenso auch die andere Seite gebührend würdigte: die zunehmende Beherrschung der Welt durch den Erfindungsgeist und die Intelligenz des Menschen, was zu jener Zeit als spezifisch westeuropäisch galt.

Ich meine, niemand hat Grund zu bezweifeln, daß Gurdjieff schon als Kind und Jugendlicher außergewöhnliche Wesenszüge aufwies. Er war ein zwiespältiger Charakter. Aus Gurdjieffs eigenen Berichten über seine Kindheit und aus Andeutungen in späteren Lebensjahren geht eindeutig hervor, daß sehr viele seiner Charakterzüge nur allzu menschlich waren. Er war ein sehr sinnenfroher Mensch, er liebte gutes Essen, Frauen und Schönheit, er war ungeduldig und Ausbrüchen von Wut und Leidenschaft unterworfen. Außerdem hatte er wenig Skrupel, wenn es darum ging, seinen Wissensdurst zu befriedigen. Andererseits ist Gurdjieff zu keiner Zeit wirklich an Besitz oder Ruhm interessiert gewesen. Zweifellos geriet er in seinen frühen Jahren mehrfach in Schwierigkeiten, weil er versuchte, sich Wissen anzueignen, zu dem ihm der Zugang (zumindest zum betreffenden Zeitpunkt) verwehrt war.

Doch ungeachtet dieser Charakterschwächen hatte er auch ein tiefes Mitgefühl für das Leiden der Menschheit, und dieses Mitgefühl vertiefte sich noch, nachdem ihm klar geworden war, daß dieses Leiden in unserer menschlichen Natur begründet ist. Soweit ich feststellen kann, war er noch keine dreißig Jahre alt, als er zu dem Schluß kam, daß die Hauptursache menschlichen Leidens in gewissen Schwächen liegt, mit denen die Menschen sich nicht genügend auseinandersetzen. Dazu gehören vor allem unsere Leichtgläubigkeit und Suggestibilität, denen wir aufgrund unserer Eitelkeit und unseres Egoismus ausgeliefert sind. Gurdjieff erkannte, daß wir uns von trivialen und stupiden Kräften versklaven lassen, die derart auf uns einwirken, daß wir nicht zu tun vermögen, was wir zu tun wünschen. Daß wir statt dessen Dinge tun, die allem widersprechen, was wir für richtig und notwendig für den Menschen erachten. Gurdjieff stand die Bedeutung dieses merk- und erbarmenswürdigen Zustands der Menschheit sehr klar vor Augen. Er sah die Menschheit weniger als böse, bewußt zerstörerisch oder gefährlich an, sondern eher als hilflos. Dies brachte ihn zu der Erkenntnis, daß ein großes Bedürfnis nach einer Möglichkeit bestehe, dem Menschen bei der Befreiung von dieser Hilflosigkeit zu helfen.

Gurdjieff verfügte mit Sicherheit über Kräfte von der Art, die man gewöhnlich als ›paranormal‹ oder ›okkult‹ bezeichnet. Sie müssen sich aus einem ungewöhnlichen angeborenen Potential entwickelt haben. Diese Kräfte entfalteten sich durch seinen Kontakt zu den traditionellen Lehren, die in diesem Teil der Welt häufig sehr umfangreiche praktische Kenntnisse darüber haben, wie man latente psychische Kräfte entwickeln kann. Okkulte Kräfte sind eine schreckliche Versuchung, und Gurdjieff wußte, daß er sie zwar brauchen würde, daß sie aber auch eine Gefahr für ihn bedeuteten. Es ist besonders ergreifend zu beobachten, wie er sich sein ganzes Leben lang bemühte, sich selbst und andere vor dem Einfluß seiner ungewöhnlichen Macht zu schützen. Ergreifend vor allem deshalb, weil es für ihn mit einem erbitterten Kampf gegen seine eigene Natur verbunden war. Er muß eine starke Versuchung verspürt haben, diese Kräfte zum Erreichen seiner eigenen Ziele einzusetzen, und doch war er bereit, sie rücksichtslos aufzuopfern, statt sich von ihnen versklaven zu lassen. Gleichzeitig machte er es sich damit unmöglich, bestimmte Aufgaben zu bewältigen, die er sich selbst gestellt hatte. Deshalb ist sein Leben für uns sehr schwer zu verstehen. Manchmal schien er kurz davor zu stehen, etwas sehr Wichtiges und Außergewöhnliches zu erreichen, und dann passierte etwas, das seinem Leben wieder eine völlig andere Richtung gab. Häufig ergeht es Menschen wegen einer bestimmten Schwäche so – wenn sie es beispielsweise versäumen, in einem wichtigen Augenblick Stellung zu beziehen, oder wenn es ihnen an Mut oder Ausdauer fehlt. Gurdjieff versagte jedoch aus keinem dieser Gründe, sondern wegen seiner eigentümlichen Überempfindlichkeit, die für Menschen, die ihn nur oberflächlich kannten, schwer zu begreifen war. Er war sehr sensibel bezüglich des Einsatzes rücksichtsloser Methoden. Das erschwerte es, ihn zu verstehen, denn manchmal handelte er selbst rücksichtslos und versetzte die Menschen in seiner Umgebung in Angst und Schrecken. Wenn er von solchem Handeln Abstand nahm, so nicht aus Angst oder aus Unentschlossenheit, sondern aus der Erkenntnis heraus, daß ihm der nächste Schritt zwar unmittelbar nützen würde, er aber dem höheren Ziel, das er sich gesteckt hatte, letztlich abträglich sein würde.

All dies macht es schwierig, Gurdjieffs Leben zu verstehen. Ich werde später noch sehr ausführlich über die Methoden sprechen, die er anwendete, um sich und andere Menschen vor den Kräften zu schützen, die ihm zur Verfügung standen. Doch jetzt geht es hauptsächlich darum, über das Umfeld zu sprechen, dem Gurdjieff entstammt. Bis jetzt habe ich nur über die Stadt Kars und das sie umgebende Gebiet gesprochen.

Schon im Alter von vierzehn oder fünfzehn Jahren fing Gurdjieff an zu reisen. Da er die Antworten auf seine Fragen nicht in der unmittelbaren Umgebung fand – nicht einmal bei den kultivierten Russen der Besatzungsarmee von Kars –, schaute er sich in der weiteren Umgebung um. Ganz bestimmt reiste er nach Nachitschewan und nach Täbris. Täbris liegt sehr nahe an der persischen Grenze und ist eine überwiegend türkische Stadt. In Täbris und in den umliegenden Bergen hat mit Sicherheit eine sehr alte und ungebrochene Tradition überdauert – sie ist wahrscheinlich drei- oder viertausend Jahre alt. Wenn man das Glück hat, mit ihr in Kontakt zu kommen, so kann man in diesem Teil der Welt auch heute noch sehr viel Interessantes entdekken. Gurdjieff hat ziemlich eindeutig zu verstehen gegeben, im Nordwesten Persiens habe er etwas Wichtiges entdeckt.

Auch von den Vorfahren seiner Mutter, den Armeniern, war er äußerst fasziniert. Die Armenier haben in einer bestimmten Periode der Menschheitsgeschichte eine höchst wichtige Rolle bezüglich der Überlieferung von Wissen gespielt. Ich meine die Zeit zwischen dem achten und zehnten Jahrhundert, eine fast in der ganzen Welt ziemlich problematische Periode. In Ani regierten zu jener Zeit die Bagratiden-Könige. Natürlich erreichten die Armenier ihre Vormachtstellung erst nach einer langen Vorbereitungszeit, die schon vor der Ausbreitung des Islam einsetzte. Gurdjieff interessierte sich insbesondere für den Übergang von der christlichen Epoche zur Ausbreitung des Islam; in jener Zeit war vieles zerstört worden, und die wichtigsten

Überlieferungen waren im Untergrund verschwunden und fortan von Geheimgesellschaften gehütet worden. Gurdjieff vermutete, daß diese Geheimgesellschaften immer noch existierten, und machte sich fest entschlossen daran, sie aufzuspüren. Hinweise hierauf finden wir im Kapitel ›Pogossian‹ seines oben zitierten Buches. Dies führte ihn auch durch Kurdistan, um den Vansee und nach Mosul am Tigris.

Ich bin ein- oder zweimal in Mosul gewesen. Die Stadt erweckt den Eindruck, daß es dort etwas sehr Altes gibt, etwas, das aus sehr ferner Zeit überdauert hat. Ich vermute, daß dies weit vor der Ausbreitung des Islam begann, sogar vor der Ausbreitung des Christentums. In der Nähe liegen Nineveh und Nimrod, die großen Städte des assyrischen Reiches. Doch ich meine etwas anderes. Mein eigener Eindruck ist, daß sich nach dem Fall von Babylon irgend etwas in diesen Teil der Welt zurückgezogen hat. Gurdjieff war auf der Suche nach diesem Wissen, das möglicherweise von den Chaldäern stammt.

Ich werde mich jetzt einem anderen Jugendeinfluß Gurdjieffs zuwenden: der griechisch-orthodoxen Tradition. Sein Vater stammte aus einer griechisch-byzantinischen Familie. Als die Türken des Ottomanenreiches im Jahre 1453 Konstantinopel eroberten, behielten sie die gesamte Struktur des byzantinischen Reiches bei. Sie übernahmen, was ihnen als nützlich erschien, und paßten es ihren eigenen Bedürfnissen an, um den riesigen Staat funktionsfähig zu erhalten. Aus diesem Grunde waren sie auch um die Gunst der griechischen Bevölkerung bemüht, denn sie brauchten die Griechen dringend zur Verwaltung des riesigen neuen Reiches, das sie eben erst erobert hatten. Dadurch entstand eine eigenartige Spannung: Die Türken brauchten die Griechen zwar, hegten jedoch gleichzeitig eine starke Abneigung gegen die griechische Kultur. Zweifellos wurden die Türken stark von der griechischen Kultur beeinflußt, und ganz sicher auch die Sufis jener Zeit. So kam es zu einer merkwürdigen Wechselwirkung, und der Ort, an dem viele außergewöhnliche Dinge geschahen, war Caesaraea – die heutige Stadt Kayseri. Caesaraea war eine der ersten Städte, die zur Zeit der Apostelreisen zum Christentum bekehrt wurden. In dieser Stadt lebten die großen christlichen Heiligen Basilius, Chrysostomus und Gregorius und schufen die Liturgie der christlichen Kirche.

Vor dem Auftauchen des Christentums war Kappadozien das Zentrum des Anahita-Kultes, des Kultes der Muttergottheit, der merkwürdigerweise ebenfalls aus Persien direkt über Kars nach Kleinasien vordrang. Dieser Kult der Großen Mutter beziehungsweise seine Priester brachten ein umfangreiches Wissen mit, wovon vieles – vermutlich mehr, als man heute ahnt – in die christliche Liturgie eingegangen ist. Man könnte einiges über die Geheimnisse dieser Liturgie sagen, die so viel Wissen enthält, so viel Verborgenes. Dies beeindruckte Gurdjieff zutiefst, und er wollte erforschen, was der Menschheit in den rituellen Formen der christlichen Kirche erhalten geblieben war. Um dies herauszufinden, reiste er nach Westen. Zu Gurdjieffs Zeit gab es in Kappadozien immer noch uralte Klöster aus dem dritten Jahrhundert, die sowohl das byzantinische Reich wie auch die türkische Eroberung überdauert hatten. Seit sechzehn Jahrhunderten gibt es in Kappadozien eine klösterliche Tradition. Dieser wurde 1925 ein abruptes Ende gesetzt, als man die gesamte Bevölkerung vertrieb.

Ich versuche, Ihnen hier meine persönliche Anschauung zu vermitteln, daß es wesentlich mehr wechselseitige Beeinflussung und Bereicherung zwischen den verschiedenen Traditionen gab, als wir gemeinhin annehmen. Dieses Gebiet war eine Art Schmelztiegel, in dem sich mehrere Traditionen miteinander vermischten. Daraus haben sich jene Formen entwickelt, die wir heute als verschieden und voneinander getrennt ansehen – oder gar als einander entgegengesetzt: die christliche, islamische, assyrische und zoroastrische Tradition und viele andere. All dies machte verständlicherweise einen tiefen Eindruck auf den jungen Gurdjieff, der nach einer Antwort auf die Frage suchte: »Hat all dies seinen Sinn, haben alle diese Aspekte der menschlichen Erfahrung ihre Berechtigung, oder muß man einige akzeptieren und andere nicht?« Und noch eine Frage war für Gurdjieff sehr wichtig: »Wie kommt es, daß die Menschheit, der in den vergangenen vier- oder fünftausend Jahren so viel offenbart worden ist, so wenig Gebrauch von dem gemacht hat, was sie empfangen hat? Warum wird der Mensch weiterhin von Kräften beherrscht, die dem wahren Sinn seines Lebens so sehr zuwiderlaufen?«

Ich vermute, daß Gurdjieff noch wesentlich weiter nach Westen reiste – zuerst nach Istanbul, dann ins Heilige Land und nach Ägypten. Schließlich sogar bis nach Abessinien, wo er einen weiteren Ort fand, an dem es seltsame Verknüpfungen mit verlorengegangenen Traditionen gibt. Ob er noch weiter nach Süden reiste, weiß ich nicht, doch hat Äthiopien mit Sicherheit eine besondere Bedeutung für ihn gehabt, denn am Ende seines Lebens sprach er mit großer Liebe über dieses Land. Er sagte sogar einmal, er denke darüber nach, den Rest seines Lebens dort zu verbringen; die beiden Orte, mit denen er sich besonders verbunden fühle, seien Buchara in Zentralasien und Äthiopien. Wenn dies tatsächlich stimmt und er uns nicht einmal mehr zum Narren gehalten hat, so müßte Äthiopien bei seiner Suche eine wichtige Rolle gespielt haben. Natürlich bereiste er auch Zentralasien. Es besteht kaum ein Zweifel daran, daß Gurdjieff in Zentralasien auf die bedeutsamsten und charakteristischsten Elemente seiner späteren ›Ideen‹ oder für sein sogenanntes ›System‹ stieß. Nur durch sorgfältige Untersuchung der zentralasiatischen Traditionen können wir eine Antwort auf die Frage erhoffen: »Stammt alles, was Gurdjieff lehrte, aus diesen Teilen der Welt, oder gibt es etwas, das ganz eindeutig von ihm selbst entwickelt wurde?«[1]

FRAGEN

F.: Darf ich fragen, ob die in diesem Gebiet ver-
ehrte Muttergottheit, Anahita, mit Lilith identisch ist, die sowohl gut als auch böse war?

J. G. B.: Nein, ich glaube nicht. Anahita ist mit
Cybele identisch, die nach Rom gebracht wurde.
Lilith gehört einer älteren Zeit an. Das Entschei-
dende ist meiner Meinung nach, daß es in jenem
Teil von Kappadozien eine ununterbrochene
Tradition gab.

F.: Haben Sie in Gurdjieffs Geburtsstadt und in
der Umgebung Menschen getroffen, die sich seiner erinnern konnten?

J. G. B.: Nein, in Kars gibt es keine Christen
mehr – soweit ich weiß, nicht einen einzigen. Ich
habe niemanden gefunden, der Gurdjieffs Namen kannte, und wenn ich Leuten erzählte, ich
hätte die lange und anstrengende Reise in diese
abgelegene und heruntergekommene Stadt nur
wegen Gurdjieff unternommen, dann hielten sie
mich meist für ziemlich verrückt. Ich habe den
in Gurdjieffs Berichten erwähnten Begräbnisort
seines ersten Lehrers Borsh gesucht, doch 1918
und 1920 war alles zerstört worden, so daß praktisch nichts mehr zu rekonstruieren war.
  Ich vermute, daß Gurdjieff ein wenig weiter
östlich noch bekannt ist, daß sich in der Gegend
um Täbris noch Menschen an ihn erinnern können. Einige Derwischgruppen in jenem Gebiet

könnten noch etwas über ihn wissen, doch ich hatte nicht genügend Zeit, um mich mit ihnen in Verbindung zu setzen. Man kann solche Kontakte nicht aufnehmen, wenn man nicht viel Zeit hat. Weiter westlich von Istanbul setzte ich mich mit zwei oder drei Derwischbruderschaften in Verbindung. Sie hatten eine sehr weit zurückreichende Erinnerung an Ereignisse, doch das, wonach ich suchte, wußten sie nicht.

F.: Warum ist das Buch *Begegnungen mit bemerkenswerten Menschen* erst so viele Jahre nach Gurdjieffs Tod veröffentlicht worden?

J. G. B.: Gurdjieff starb am 29. Oktober 1949, das ist noch keine vierzehn Jahre her. Er äußerte sich nicht sehr klar darüber, ob die Schriften der zweiten Serie – das ist das Buch *Begegnungen mit bemerkenswerten Menschen* – veröffentlicht werden sollten. Sein Wunsch war es, daß sein erstes Buch, *Beelzebub,* veröffentlicht würde. Er sagte, *Begegnungen mit bemerkenswerten Menschen* solle laut vorgelesen werden, doch nur denjenigen, die *Beelzebub* schon in ausreichendem Maße verdaut hätten. *Begegnungen mit bemerkenswerten Menschen* ist schwieriger zu verstehen, als die meisten ahnen. Wer nicht versteht, worauf Gurdjieff in diesem Buch hinaus will, und wer dieses Buch wie eine Art autobiographischen Bericht oder eine Art Abenteuerroman liest, wird den tatsächlichen Sinn des Buches niemals begreifen. Und wer vermutet, in diesem Buch einen Teil von Gurdjieffs praktischen Lehren zu finden, wird ebenfalls enttäuscht, erhebt es doch keinen Anspruch darauf, diese Funktion zu erfüllen. Was es tatsächlich enthält, ist ungeheuer wichtig, und das hat bisher kaum jemand verstanden. Wahrscheinlich war die Zeit dafür noch nicht reif. Es ist großartig, daß es heute jedem zugänglich ist.

F.: Sie haben uns bezüglich des Inhalts von *Begegnungen mit bemerkenswerten Menschen* auf die Folter gespannt. Können Sie nicht mehr darüber sagen?

J. G. B.: Beim nächsten Mal werde ich erläutern, wie ich einem einzigen Hinweis aus diesem Buch nachging. Dann werden Sie erkennen, wie unwahrscheinlich es ist, daß jemand, der nicht schon ein beträchtliches Wissen hat sowohl über Gurdjieffs Art, an Dinge heranzugehen, als auch über jenen Teil der Welt, diesen Hinweis auch nur bemerkt. Sie werden dann wissen, was es bedeutet, den Rest des Buches zu dechiffrieren, denn *Begegnungen mit bemerkenswerten Menschen* ist in Wahrheit in einer Art Geheimsprache geschrieben, die man enträtseln muß. Doch warum sollte man sich überhaupt die Mühe machen, dies zu tun? Die Antwort lautet: Das hängt allein davon ab, ob man wirklich daran interessiert ist, der Sache auf den Grund zu gehen.

F.: Verstehen Sie die Sprachen, die in jenem Teil der Welt gesprochen werden?

J. G. B.: Ja, deshalb bereise ich dieses Gebiet. Wenn ich weiter nach Osten reisen würde, bekäme ich Probleme. Sprachen sind von entscheidender Bedeutung. In ganz Asien kann man sich mit Türkisch durchschlagen. Hinter dem Kaspischen Meer, jenseits des Amu Daria, bis ins chinesische Turkestan hinein, werden Dialekte des Türkischen gesprochen. Als ich noch ein junger Mann war, konnte man sich mit Türkisch von der Adria bis zur chinesischen Mauer verständlich machen. Als ich 1919–20 in diesem Teil der Welt lebte, bestand meine Arbeit darin, mit den islamischen Pilgern zu sprechen, die aus Zentralasien kamen. Ich war äußerst erstaunt, als ich feststellte, daß ich mich mit Sarten und Usbeken verständigen konnte. Die verschiedenen Dialekte der türkischen Sprache ähneln einander stärker als beispielsweise Englisch, Holländisch und Deutsch. Ich möchte auch erwähnen, daß Gurdjieff, der mit Sicherheit sehr gut Türkisch sprach, aus irgendeinem Grunde behauptete, in diesem Gebiet würde Persisch gesprochen. Wer die Einleitung zu *Begegnungen mit bemerkenswerten Menschen* gelesen hat, wo Gurdjieff über philologische Fragen spricht und sagt, es sei seltsam, daß man im Englischen nur ein Wort für *sagen* oder ähnliches benutze, wohingegen es im Persischen zwei völlig verschiedene Wörter dafür gebe. Wenn er dann die Wörter *diyaram* und *soilyaram* anführt, dann ist das ganz einfach eine etwas merkwürdige Art, zwei völlig normale türkische Wörter zu schreiben, so wie sie in Kars, also im türkischen Dialekt seiner

Kindheit gesprochen werden. Doch im Buch nennt er dies Persisch. Wenn Sie begriffen haben, warum Gurdjieff völlig normales Türkisch als Persisch bezeichnet, verstehen Sie auch, wie er Dinge verschleiert. Ich selbst glaube nicht, daß er besonders viele Sprachen beherrschte. Als ich 1919 zum erstenmal von ihm hörte, wurde er als Mann bezeichnet, der den gesamten Osten bereist habe und viele Sprachen verstehe. Ich kann mich dieser Meinung nicht anschließen, weil ich weiß, daß man sich mit Türkisch dort fast überall durchschlagen kann. Gegen Ende des 19. Jahrhunderts konnte man mit Türkisch ganz Zentralasien bereisen. Bis Tibet hätte Gurdjieff sich mit keiner anderen Sprache auseinandersetzen müssen, und sicherlich hat er sich sehr eifrig daran gemacht, Tibetisch zu lernen. Doch vermutlich verstand er ansonsten nur Türkisch und hatte sich einige türkische Dialekte angeeignet – und eben Tibetisch. Andere Sprachen beherrschte er wahrscheinlich nicht.

Gurdjieffs Quellen

Im folgenden werde ich versuchen, die Suche Gurdjieffs von ungefähr 1885 bis 1910 zu rekonstruieren. Nach 1910 hatte er gefunden, wonach er gesucht hatte, und sich darauf vorbereitet, es anderen zu vermitteln.

Zunächst muß man sich vor Augen führen, daß Gurdjieffs Vater Grieche und seine Mutter Armenierin war. Er hatte deshalb mit Sicherheit Kontakt zur griechischen, zur armenischen und zur russisch-orthodoxen Kirche; alle drei waren in seiner Geburtsstadt Alexandropol und in der Stadt seiner Kindheit, Kars, präsent.

Einer der grundlegenden Unterschiede zwischen den christlichen Kirchen des Ostens und des Westens besteht meiner Meinung nach in psychologischer Hinsicht darin, daß die östliche Kirche die Idee des Todes mit Christus und der Auferstehung mit Christus besonders hervorhebt. Dies ist die zentrale Botschaft der östlichen Kirche, sowohl die spirituelle als auch, wenn man so will, die psychologische. Dies wirkt sich eindeutig auf die Anhänger der östlichen Kirchen aus und erklärt ihre starke Auseinandersetzung mit dem Tod und mit der Bedeutung des Todes. In den Kirchen des Westens ist dies nicht im gleichen Maße der Fall. Dem westlichen Christentum geht es in seinem Glauben und in seinen Praktiken mehr um Sünde und Erlösung, um die Vereinigung mit Christus, weniger um den Tod und die anschließende Auferstehung. In der Substanz ist der Glaube zweifellos der gleiche – ich will nur sagen, daß man bei Begegnungen mit Anhängern des östlichen Christentums diesen besonderen Schwerpunkt bemerkt.

Auch besteht in den christlichen Kirchen des Ostens ein sehr starkes Gefühl für das Geheimnisvolle der Religion und für die Realität eines unsichtbaren Elements in allen religiösen Praktiken und Erfahrungen. Damit will ich natürlich nicht sagen, daß die christlichen Kirchen des Westens weniger mystisch wären als die des Ostens, sondern nur, daß die Mystik der östlichen Kirchen mehr eine Mystik des Geheimnisvollen als eine Mystik der Illumination ist – letztere ist eher dem Westen zuzuordnen. Ich bin mir sicher, daß dieser frühe religiöse Einfluß bei Gurdjieff Spuren hinterließ. Wenn man unter derlei Bedingungen aufgewachsen ist, muß dies zwangsläufig so sein. Er selbst hat gesagt, er sei nicht nur in seiner Kindheit, sondern auch später durch seinen Kontakt zu Mönchen der orthodoxen Kirche beeinflußt worden – russisch-orthodoxen Mönchen. Gurdjieff behauptete, einer seiner ersten Lehrer und Freunde habe sich einer besonders geheimnisvollen Bruderschaft angeschlossen, die er die Bruderschaft der Essener nannte. Von den Essenern sagte er, ihr Stammkloster existiere noch und liege nicht weit vom Toten Meer entfernt.

Wahrscheinlich erhielt Gurdjieff den Kontakt zur griechisch- und russisch-orthodoxen Tradition während seines ganzen Lebens aufrecht. Als ich ihn am Ende seines Lebens traf, hatten wir alle das starke Gefühl, daß er ein Mitglied der russisch-orthodoxen Kirche sei. Doch war er seiner Abstammung nach auch zur Hälfte Armenier, und die Religion seiner Mutter war das armenische Christentum, das sich vom griechischen und russischen Christentum stark unterscheidet – von jenen östlichen Kirchen, die wir allgemein als ›orthodox‹ bezeichnen. Die armenische Kirche, eine sehr alte christliche Tradition, enthält Elemente, die in den übrigen christlichen Kirchen vermutlich verlorengegangen sind – Elemente, die auf die ersten Jahrhunderte des Christentums zurückgehen und jener mächtigen und außergewöhnlichen christlichen Tradition zuzuordnen sind. Einer Tradition, die von Syrien über Mesopotamien in das alte Persien vordrang und sich durch die Täler des Euphrat und Tigris bis nach Zentralasien ausbreitete. Diese christliche Tradition, die weder orthodox noch römisch war, wurde im 8. Jahrhundert vom Islam überrannt, so daß Spuren von ihr nur noch bei den heute als nestorianisch und assyrisch bezeichneten Christen zu finden sind. Doch sollten wir nicht vergessen, daß diese Tradition in den ersten Jahrhunderten des Christentums ebenso wichtig war wie die der griechischen und römischen Kirche. Dies wurde mir klar, als ich im Jahre 1953 die Täler des Euphrat und des Tigris bereiste; und besonders, als ich in Mosul einen äußerst gelehrten Mann kennenlernte – vielleicht der auf diesem speziellen Gebiet größte Gelehrte überhaupt. Ich habe diese Tradition ein wenig näher kennengelernt, indem ich einige der ältesten Klöster der armenischen, assyrischen und nestorianischen Christenheit besuchte – von denen heute natürlich nur noch Ruinen vorhanden sind – und indem ich nestorianische, assyrische und armenische Christen kennenlernte.

Ich erwähne all dies, weil wir häufig vergessen, daß das Christentum des Mittleren Ostens bis zum 7. Jahrhundert innerhalb der Gesamtchristenheit eine sehr wichtige Rolle gespielt hat. Mit dem westlichen Christentum konnte es sich nur deshalb nicht wiedervereinigen, weil der Islam inzwischen erstarkt war und weil es in jenem Teil der Welt zu einer Vermischung der islamischen, persischen und christlichen Tradition kam. Gewöhnlich benutzen wir den Begriff ›östliche Kirchen‹ für die griechisch- und russisch-orthodoxe Kirche und vergessen darüber leicht die Bedeutung der armenischen, assyrischen und nestorianischen sowie anderer frühchristlicher Kirchen. Doch Gurdjieff war sich darüber zweifellos im klaren. Er war stark beeinflußt von der Erkenntnis, daß in der armenischen Kirche wie auch bei den Assyriern und Nestorianern etwas erhalten geblieben war, das den Prozeß der spirituellen Transformation des Menschen betraf. Diese Kirchen ihrerseits hatten ihr besonderes Wissen von der noch älteren Tradition der Chaldäer übernommen, von der wir heute fast gar nichts mehr wissen.

Denjenigen unter Ihnen, die Gurdjieffs auto-biographische Schrift *Begegnungen mit bemerkenswerten Menschen* gelesen haben, wird aufgefallen sein, wie sehr er von der Existenz eines besonderen Wissens überzeugt war, das von dieser assyrischen (bei Gurdjieff ›aissorischen‹) Tradition stammte und das für die spirituelle Praxis sehr wichtig war. Es umfaßte gewisse spirituelle Methoden und Übungen sowie Einsichten in die verborgene Natur des Menschen, die er bei den heute dominierenden christlichen Kirchen des Ostens und des Westens nicht fand.

Dadurch wurde Gurdjieffs Aufmerksamkeit auf die Vergangenheit gelenkt, wo er Spuren von jenem größtenteils verlorengegangenen Wissen zu finden hoffte. Auch andere sind zu dem Schluß gekommen, daß die innere oder spirituelle Tradition in den westlichen Kirchen weitgehend verlorengegangen ist – beispielsweise René Guénon. Mir geht es hier nur um Gurdjieffs eigene Situation. Als Jugendlicher von 15 bis 18 Jahren verspürte er ein intensives Bedürfnis, sowohl den Sinn des Lebens zu ergründen, als auch herauszufinden, wie man sich über die Situation erheben konnte, in der sich seiner Meinung nach alle Menschen seiner Umgebung befanden – Griechen, Armenier, Russen, Tartaren, Türken und andere.

Ein anderer Aspekt des mütterlichen armenischen Erbes ist die Rolle der armenischen Geheimgesellschaften in Gurdjieffs Leben. Die Armenier haben ein unvergleichliches Talent, Dinge im Verborgenen zu tun. Erst dann, wenn etwas Unerwartetes passiert, das auf normale Weise nicht zu erklären ist, schöpft man möglicherweise Verdacht, eine armenische Geheimgesellschaft könnte dahinterstecken.

Der Kontakt zu armenischen Geheimgesellschaften ermöglichte es Gurdjieff, schon als junger Mann viel zu reisen. Im letzten Kapitel habe ich gesagt, es sei erstaunlich, daß es Gurdjieff gelang, sich aus Kars und damit aus jener schrecklichen und ärmlichen Umgebung zu befreien, in der ständig Invasionen drohten. Zu seiner Emanzipation trug zweifellos bei, daß er aufgrund seiner Beziehungen zu armenischen Geheimgesellschaften (manchmal sogar als ihr Botschafter oder Vertreter) reisen und an weit entfernten Orten Kontakte anknüpfen konnte. In einem bereits erwähnten Kapitel, ›Pogossian‹, beschreibt er seinen armenischen Freund, mit dem er erstmals Etchmiasin, die heilige Stadt der Armenier, besuchte und anschließend nach Kurdistan sowie nach Westen ins Heilige Land reiste. Die Reise nach Mosul holte er zweifellos später nach. Ich habe ihn sagen hören, Mosul sei auch in der heutigen Zeit noch einer der interessantesten und wichtigsten Orte der Welt. Sicherlich haben alle unter Ihnen, die einmal in jenem Teil des Tigris-Tals gewesen sind, die geheimnisvolle Ausstrahlung Mosuls und seiner Umgebung gespürt. Es handelt sich dabei nicht einfach nur um den Kontakt mit einer toten Vergangenheit, sondern man spürt dort etwas, das nie aufgehört hat und immer noch anwesend ist – allerdings scheint es heute allmählich zu verschwinden. Zu Gurdjieffs Zeit jedenfalls war jene geheimnisvolle Kraft noch zu spüren, die seit mindestens drei-, vielleicht sogar seit viertausend Jahren ununterbrochen gewirkt haben muß. Andere Reisende, die Mosul besuchten, haben ebenfalls den Eindruck gewonnen, daß dort irgend etwas Merkwürdiges existierte. Allerdings hat niemand herausfinden können, was es war. Gurdjieff hat solche Gefühle niemals auf sich beruhen lassen; er machte sich entschlossen daran, das Verborgene zu enthüllen. Von Mosul nordwärts nach Kurdistan und Urmia und von dort nach Persien war und ist vermutlich immer noch viel Geheimnisvolles zu finden. Voraussetzung ist, daß man über die notwendigen Eigenschaften verfügt, es zu entdecken. Doch muß ich Sie warnen, diese Eigenschaften sind nicht jedem gegeben.

Gurdjieff erkannte, daß im Mittleren Osten eine echte Überlieferung existierte, die Wissen über den Menschen, die Welt und gewisse Methoden und Techniken in sich vereinigte. Diese alte Tradition hat die großen Umwälzungen im Zusammenhang mit den Invasionen aus Zentralasien sowie auch die großen religiösen Umwälzungen überdauert. Zuerst war die zoroastrische Tradition – die wichtigste in diesem Gebiet – von der christlichen abgelöst worden und diese dann von der islamischen. Dennoch ist irgend etwas erhalten geblieben, trotz aller Invasoren – Dschingis Khan, Tamerlan und Atabeg, um nur einige zu nennen. Die nach Zentralasien zurückbrandenden Wellen haben stets etwas mitgenommen. Es kann kein Zweifel daran bestehen, daß es in dem Teil Zentralasiens, der Turkestan genannt wird, eine Tradition gab, die selbst unter dem heutigen Sowjetregime weiterexistiert.

Wir werden nun auf gewisse spezifischere Hinweise zu sprechen kommen, die erhellen, *wie* Gurdjieff die Spur zu dieser Tradition zurückverfolgt. Er reiste mit einer Gruppe von Menschen, die sich ›die Wahrheitssucher‹ nannten. Einige Mitglieder dieser Gruppe hat er ziemlich genau charakterisiert und von ihnen so gesprochen, als hätten sie vor zehn oder fünfzehn Jahren noch gelebt. Wahrscheinlich entsprechen die Geschichten in *Begegnungen mit bemerkenswerten Menschen* der Wahrheit. Ich habe allerdings herausgefunden, daß in einigen Fällen die Fakten bewußt durcheinandergebracht worden sind. Mit anderen Worten: Gurdjieff verteilte eine bestimmte wahre Geschichte in Bruchstücken an verschiedenen Stellen in seinen Schriften. Einige Teile davon sind in seinem ersten Buch zu finden – in *Beelzebub* –, das vor nunmehr dreizehn Jahren veröffentlicht wurde. Es enthält gewisse autobiographische Abschnitte, die Schlüssel zu Gurdjieffs Reisen und Erkenntnissen liefern.

Wenn man das Gebiet des Nahen und Mittleren Ostens bereist, so kann es einem passieren, daß man unerwartet hochinteressanten Menschen begegnet. Mir selbst ist es mehrfach so ergangen. Ich werde nie begreifen, *wie* ich in ein bestimmtes Dorf gekommen, warum ich in ein bestimmtes Tal gegangen bin und dort völlig unerwartet jemanden getroffen habe. Oder daß ich an einem Ort hörte, ich solle wen Bestimmtes treffen, und dann in einem anderen Dorf einen Mann traf, der mit gebrauchten Kleidern handelte und, wie sich später herausstellte, ein eingeweihter Derwisch war. Solche Dinge passieren manchen Leuten und anderen nicht. Ich weiß nicht warum. Ich vermute, daß sie mir passierten, weil ich durch meinen langjährigen Kontakt mit Gurdjieff entsprechend vorbereitet war. Ich weiß, daß solche Dinge passieren – und sicherlich ist es auch Gurdjieff so ergangen. Daß auf seinen Reisen ohne jeden Plan und ohne daß irgend jemand wußte, daß es etwas zu finden gab, er oder einer seiner Begleiter plötzlich eine Spur entdeckte und diese dann verfolgte. So gelangte der Betreffende zu jemandem, der über ein spezielles Wissen oder Verständnis, vielleicht gar über bestimmte Kräfte verfügte. Solche Menschen stehen häufig nicht offensichtlich mit irgendeiner Organisation oder einer Bruderschaft in Verbindung. Auch ich bin in dieser Hinsicht in die Irre geführt worden. Ich habe Menschen getroffen, die behaupteten, mit niemandem sonst in Verbindung zu stehen und nur ihr einsames, glückliches Einsiedlerleben in einem Tal zu leben, die Realität ihres eigenen inneren Lebens oder die Gegenwart Gottes zu erfahren und an nichts anderem interessiert zu sein. Einige Jahre später entdeckte ich dann, daß solch ein ›Einsiedler‹ in Wahrheit eine ziemlich wichtige Rolle in irgendeiner Bruderschaft spielte.

Gurdjieff mit seiner Vorliebe für diese Art der Suche erkannte nicht nur stets die Bedeutung solcher Kontakte, sondern war auch in der Lage, die einzelnen Fragmente zu einem stimmigen Gesamtbild zusammenzufügen.

Ich werde Ihnen nun über zwei eigene Entdeckungen berichten, die meiner Meinung nach illustrieren, wie Gurdjieff Hinweise hinterließ, so daß jeder, der seine Schriften aufmerksam und intelligent studiert, zu Ergebnissen kommen und – falls er das Bedürfnis dazu verspürt – diese Ergebnisse vielleicht sogar bis zu ihrem Ursprung zurückverfolgen kann. Zunächst möchte ich über eine Sekte oder Bruderschaft mit Namen ›Das Volk der Wahrheit‹ sprechen, die *Ahl-i-Haqq,* die in einem Gebiet leben, das sich von Ost- über Nordwest-Persien bis nach Kurdistan erstreckt. Diese Sekte ist seit langer Zeit bekannt. In Hasting's *Encyclopedia of Religion and Ethics* wird sie an mehreren Stellen erwähnt, doch immer nur beiläufig und ziemlich verächtlich als heterodoxe schiitisch-persische Sekte. Allgemein wird angenommen, daß sie auf irgendeine Weise mit den *Ali Ilahi* in Verbindung stand, einer sehr extremen schiitischen Sekte, die Ali, den Schwiegersohn Mohammeds, verehrt. Wenn man darüber nachdenkt, daß diese Sekte als ›Volk der Wahrheit‹ bezeichnet wird und daß Gurdjieff seine eigene Gruppe als ›Wahrheitssucher‹ bezeichnete, könnte man vermuten, daß das ›Volk der Wahrheit‹ zu den Gruppen gehörte, die Gurdjieff suchte und fand. Gurdjieff bezieht sich nirgendwo in seinen

Schriften direkt auf eine persische Bruderschaft, es sei denn, Sie sind zufällig einmal auf das im Jahre 1934 veröffentlichte, heute kaum noch erhältliche Buch *The Herald of Coming Good* gestoßen. Dies war Gurdjieffs erstes Buch und das einzige, das zu seinen Lebzeiten veröffentlicht worden ist. Er beschreibt darin unverblümt seinen Kontakt zu einer persischen Bruderschaft und sagt, er habe einige seiner Schüler zu ihrem Kloster geschickt.

Ich halte es für sehr wahrscheinlich, daß es sich dabei um die *Ahl-i-Haqq* handelt, mit denen ich vor sieben oder acht Jahren zufällig selbst Kontakt hatte, als ich durch Nordwest-Persien reiste; auch später bin ich mit dieser Gruppe noch einmal in Berührung gekommen. Die *Ahl-i-Haqq* verfügen mit Sicherheit über eine ganz spezielle Art von methodischem Wissen. Diese Gruppe ist nicht irgendeine mehr oder weniger häretische islamische Sekte, sondern sie pflegt einige sehr alte Überlieferungen. Sie wurde im Jahre 1316 vom Sultan Sahaq wiederbelebt oder reformiert. Dies geht aus der Tatsache hervor, daß die Gruppe nach Auftauchen des Islam nicht nur nestorianisch-christliche Überlieferungen, sondern auch wesentlich ältere chaldäische und zoroastrische pflegte, die aus der Blütezeit Babylons stammten, welche mittlerweile viertausend Jahre zurückliegt. Hierauf bezieht sich Gurdjieff in seinem eben erwähnten Buch *The Herald of Coming Good*. In Zusammenhang hiermit habe ich ein höchst interessantes Beispiel dafür erlebt, wie schwer es war, herauszufinden, woran man bei Gurdjieff war. Eines Tages im Juli 1949, als ich ihn in Paris besuchte, sagte er, er würde für uns einen Pilau mit echtem persischen Reis zubereiten, der extra für ihn aus Persien eingeflogen worden sei. Nun sagte Gurdjieff öfters derartige Dinge, etwa, er würde uns irgendeine exotische Frucht servieren, die extra für ihn von den Salomon-Inseln herbeigeschafft worden sei, obgleich einige Anwesende am Morgen des gleichen Tages mit ihm in den Pariser Markthallen gewesen waren und gesehen hatten, wie er die Früchte dort gekauft hatte. Wenn er sagte, der Brinza-Käse sei extra für ihn aus dem Kaukasus eingeflogen worden, so wußten wir, daß er ihn in einem bestimmten jüdischen Geschäft in Paris zu kaufen pflegte. Folglich war auch dieser persische Reis höchstwahrscheinlich nicht extra aus Persien herbeigebracht worden. Nun ging ich in die Küche und entdeckte dort zwanzig oder dreißig Säckchen mit persischen Etiketten und Poststempeln: Gurdjieff hatte tatsächlich eine Luftpostsendung mit persischem Reis erhalten! Überdies stammte die Sendung aus der Stadt Kirmanshah, die zufällig ganz in der Nähe des Stammsitzes der *Ahl-i-Haqq*-Bruderschaft liegt. Das mag bedeutsam sein oder nicht. Ich muß jeden warnen, der Gurdjieffs Schriften liest und versucht, irgend etwas über Gurdjieffs Abenteuer zu rekonstruieren: Fast alles, was er schreibt, kann ebensogut bedeutsam wie unwichtig sein.

Doch gibt es wesentlich schwerwiegendere Gründe für die Annahme, daß in Nordwest-Persien zu jener Zeit – und vielleicht auch heute noch – ein Wissen existierte, das für Gurdjieffs eigene Entwicklung von entscheidender Bedeutung war. Dieses Wissen bezog sich vor allem auf die Umwandlung von Energien. Ich nehme an, Sie wären nicht zu diesen Vorträgen gekommen, wenn Sie nicht schon Gurdjieffs Ideen studiert und seine Bücher sowie auch die Bücher über ihn gelesen hätten. Ich werde Sie deshalb nicht damit langweilen, Gurdjieffs Lehren und Ideen hier noch einmal zu erläutern. Vielmehr möchte ich versuchen aufzuzeigen, wie man anhand seiner Hinweise den Weg zu seinen Quellen zurückverfolgen kann. Ein sehr zentrales Thema in Gurdjieffs Lehren und Lehrmethoden ist zweifellos die Überzeugung, daß der Mensch dazu bestimmt oder gezwungen ist, während seines Lebens auf der Erde Energie umzuwandeln. Ein Grund für die Existenz des Menschen ist seine Fähigkeit, durch seine Lebensweise bestimmte Stoffe zu produzieren, die für sehr hohe Zielsetzungen erforderlich sind. Indem der Mensch diese Aufgabe erfüllt, empfängt auch er selbst etwas Unvergängliches. Mit anderen Worten, der Mensch hat die Aufgabe, durch die Art, wie er sein Leben lebt, Energien umzuwandeln. Die auf diese Weise erzeugte Energie wird drei Zwecken zugeführt: Ein Teil wird bei der Arbeit verbraucht, der zweite Teil wird für einen bestimmten höheren Zweck verwendet, und der dritte Teil ist die Belohnung für denjenigen, der die Energie umgewandelt hat. Dieser Teil geht in sein eigenes Sein ein und dient der Bildung

seines eigenen Gefäßes oder seiner eigenen Seele.

Dies ist eine sehr alte Lehre. Ich vermute, daß
sie schon den Chaldäern zur Zeit der Zerstörung
Babylons bekannt war, und wahrscheinlich wurde sie später von den Christen des Ostens gehütet. Natürlich setzte die Aufgabe ein Wissen darüber voraus, durch welche Art von Arbeit und
durch welche Lebensweise ein Mensch sie erfüllen konnte. Es erscheint mir interessant, daß die
Christen der alten Tradition des Nahen Ostens
ein klares und differenziertes Wissen über diese
Vorgänge haben, ebenso die orthodoxen Christen, die Christen der westlichen Welt hingegen
kaum. Die östlichen Kirchenführer, und meiner
Meinung nach besonders die russischen, wußten
genau, daß etwas Derartiges vom Menschen ge-
fordert wird, und sie entwickelten daraus die
Idee, daß ein Mensch, um der Auferstehung teil-
haftig zu werden, einen Auferstehungskörper erwerben muß. Natürlich lehrte auch der heilige
Paulus dies in seinen Episteln – doch die Vorstellung, daß man einen Auferstehungskörper
erwerben muß, ist meiner Meinung nach bei den
Christen des Ostens am ausgeprägtesten und
klarsten. Und natürlich stimmt dies auch mit der
östlichen Interpretation der Parabel vom hochzeitlichen Kleid überein. Zwei Elemente führen
zur Erlösung: Das eine ist die gnadenhafte Annahme des Menschen durch seinen Erlöser, die
ihn in die Lage versetzt, am Hochzeitsfest teilzunehmen. Doch muß auch der Mensch selbst eine
Voraussetzung erfüllen: Er soll zu diesem Fest

im hochzeitlichen Kleid erscheinen, was von den Christen des Ostens als Auferstehungskörper interpretiert wird. Jener Auferstehungskörper wird mit der Idee der Umwandlung grobstofflicher in feinstoffliche, spirituelle Substanzen in Verbindung gebracht, die uns nach ihrer Trennung von den destruktiven Kräften unserer irdischen Existenz ermöglichen, an der Auferstehung teilzunehmen.

Dies steht mit Sicherheit in irgendeiner Weise mit dem Wissen der *Ahl-i-Haqq* in Verbindung. Offenbar sind dieser Gruppe Methoden zur Durchführung der Energietransformation bekannt. Sie wissen, wie der Mensch durch eine entsprechende Lebensweise seine höhere Aufgabe erfüllen kann. Dies kann natürlich die äußere Form von Gebet und Meditation annehmen, besteht jedoch in Wirklichkeit darin, im eigenen Inneren eine bestimmte Wechselwirkung zwischen Stoffen zu initiieren. Alle unter Ihnen, die Gurdjieffs Schriften gelesen haben, werden dies als einen Zentralgedanken darin wiedererkennen. Er nannte es das Prinzip der gegenseitigen Erhaltung alles Existierenden. Demnach trägt alles, was existiert, zur Existenz von allem anderen bei. Zwischen allen Leben und allen Lebensformen besteht eine enge und intime Verbindung, die jeden von uns nötigt, etwas für alle anderen Lebewesen zu tun. Was getan werden muß, hängt von der Energieumwandlung ab. Ich persönlich vermute, Gurdjieff erfuhr dies durch Kontakte in jenem Teil des Mittleren Ostens, der seit Jahrtausenden als Iran bezeichnet wird.

Deshalb auch sein tiefes Interesse an Babylon. Aus dem zu schließen, was Gurdjieff über Babylon schreibt, muß diese Stadt ihn sehr beeindruckt haben. Er hatte das Glück, Babylon zur Zeit der deutschen Ausgrabungen zu besuchen, denn damals war ein wesentlich größerer Teil der Stadt zugänglich als heute. Da die Ausgrabungen damals noch im alten Stil durchgeführt wurden – nach der Freilegung ließ man alles offen –, hatte auch ich Gelegenheit, durch die Stadt zu gehen und sie auf mich wirken zu lassen.

Ich weiß nicht, ob von Ihnen jemand Babylon kennt und ebenso wie ich zu der Überzeugung gekommen ist, daß auch heute noch eine bestimmte Substanz in Babylon vorhanden ist, durch die man direkt mit der Energie der Menschen in Kontakt treten kann, die vor zweieinhalb- oder dreitausend Jahren dort gelebt haben. Jedesmal, wenn ich in Babylon war, hatte ich ganz eindeutig dieses Gefühl. Ich war auch mit anderen zusammen dort und habe festgestellt, daß manche Leute gar nichts merken; sie sehen nichts weiter als einen Haufen langweiliger Ruinen. Andere sind überwältigt vom Gefühl ungebrochenen Lebens, das dieser Ort immer noch ausstrahlt, obgleich dort seit mehr als tausend Jahren niemand mehr lebt. Warum ist das so? Ich glaube, daß in diesem Gebiet seit langem ein Verständnis für jene Stoffe und Energien existiert und daß die Babylonier über dieses Verständnis verfügten. Die Arbeit der Energieumwandlung wurde in bestimmten Gebieten Babylons intensiv praktiziert, und sie hat nahezu unzerstörbare Spuren hinterlassen. Die Arbeit wird in gewissem Sinne auch heute noch fortgesetzt, und selbst heute noch vermögen einige, mit den Vorgängen in Kontakt zu treten, die in diesem Gebiet vor mehreren tausend Jahren stattgefunden haben.

Sie wissen, daß Gurdjieff in *Beelzebubs Erzählungen* mehrmals Besuche Beelzebubs in Babylon beschreibt. Diese Schilderungen gehören zu den intensivsten im gesamten Buch. Gurdjieff hat kaum einen anderen Ort der Welt so lebhaft beschrieben, daß man sich geradezu dorthin versetzt fühlt. Ich habe dies erst erkannt, nachdem ich persönlich in Babylon gewesen war und dort ebenfalls das Gefühl hatte, am früheren Leben in dieser Stadt teilzunehmen. Ich dachte darüber nach, wie leicht es für Gurdjieff gewesen sein mußte, sich in das Leben der Stadt Babylon zurückzuversetzen, den Menschen jener Zeit zu begegnen, ihre Sprache und ihre Lebensweise kennenzulernen, die Motive, die sie beherrschten, und so weiter. Und natürlich mußte all dies in ihm das Gefühl verstärken, es sei wichtig zu verstehen, wie diese Umwandlungen zu bewerkstelligen seien, wie der Mensch wirklich lernen kann, die Kontrolle über diese psychischen und spirituellen Energien oder feinstofflichen Substanzen zu erlangen, und zwar zu seinem eigenen Wohl – der Nährung seiner Individualität – und um seiner Aufgabe in der Welt willen sowie auch für andere Zwecke, beispielsweise um einzelnen Menschen zu helfen.

Gurdjieff verfügte zweifellos von seiner Kindheit an über ausgeprägte natürliche Gaben, doch wahrscheinlich gelang es ihm überdies schon als sehr junger Mann, seine Kräfte durch Kontakt mit diesen Wissensquellen in beträchtlichem Maße zu entwickeln. Dies diente ihm als Ausgangspunkt, da ein sicherer und richtiger Instinkt ihm sagte, daß in Zentralasien noch ein tieferes und bedeutsameres Wissen existierte.

Um reisen und die notwendigen Kontakte knüpfen zu können, so sagt Gurdjieff, habe er manchmal als Heiler und Wundertäter gearbeitet, manchmal auch einfach als Hypnotiseur. Er beschreibt, wieviel er in Zentralasien habe tun können, wo in den russischen Gebieten das Problem des Alkoholismus grassierte, während in den zentralen und östlichen Gebieten viel Opium geraucht wurde. Opium ist ein äußerst eigenartiges Phänomen. Als ich in Zentralasien die riesigen Mohnfelder sah, spürte ich, wie merkwürdig und wichtig die Mohnpflanze für das Verständnis des menschlichen Lebens ist. Sie hat dem Menschen neue Möglichkeiten eröffnet, ihn aber auch mit schrecklichen Folgen konfrontiert, weil er die feine Substanz der Mohnpflanze mißbrauchte. Gurdjieff hat gegen Ende des letzten Jahrhunderts durch sein Wissen über die Umwandlung von Stoffen herausgefunden, daß er Menschen helfen konnte, die unter diesen beiden Flüchen der Menschheit litten – den Russen, die unter dem Fluch des Alkoholismus litten, und den Asiaten, die unter dem Fluch der Opiumabhängigkeit litten. Als ich Gurdjieff erstmals im Jahre 1920 in Istanbul begegnete, war er mit einem besonders schwierigen und außergewöhnlichen Fall beschäftigt: Er versuchte, einen Trunkenbold zu heilen, der als völlig unheilbar galt.

Die Phase in Gurdjieffs Leben zwischen 1895 und 1900 war mit Sicherheit außergewöhnlich. Da er fließend Türkisch sprach, war es für ihn kein Problem, sich frei im Lande zu bewegen. Seine Kenntnisse der verschiedenen Dialekte der Sarten, Usbeken, Uiguren und der anderen Völker Turkestans wurden immer umfassender, und er wurde speziell als Heiler von Krankheiten bekannt, die wir heute als psychosomatisch bezeichnen würden. Hierzu trieb ihn teilweise sein starker Wunsch, zu helfen und Gutes zu tun, doch noch stärker die Notwendigkeit, jene Bereiche der menschlichen Psyche zu verstehen, die meist hinter der Maske der Persönlichkeit verborgen liegen und sich dem Einfluß des gewöhnlichen Bewußtseins entziehen. Es ist wohlbekannt, daß Alkoholismus und starke Drogenabhängigkeit diese Maske entweder schwächen oder ganz zerstören und daß dann häufig etwas völlig anderes zutage tritt. Zweifellos kann man durch Beobachtung dieser Phänomene schneller zu einem umfassenden Verständnis der menschlichen Psyche gelangen. Und wenn Gurdjieff Menschen in solchen Situationen zu helfen vermochte, so wurde er natürlich für sie auch zu einer Art Vertrautem oder Beichtvater. Viele, die in Not waren, kamen zu ihm. Zweifellos betrieb Gurdjieff in jenen Jahren eine Art Studium der angewandten Psychologie.

Er selbst sagte, bevor er sich auf diese Reisen begeben und bevor er seinen Hauptwohnsitz nach Turkestan verlegt habe, habe er alles studiert, was er über westliche Psychologie hätte erfahren können, und er sei zu dem Schluß gekommen, sie hätte keine besonders plausiblen Erklärungen zu bieten. Ich muß Sie daran erinnern, daß hier von der westlichen Psychologie um 1890 die Rede ist.

Gurdjieff hat auch gesagt, irgendwann um die Jahrhundertwende sei er in Tibet gewesen. Ich vermute, daß dies zutrifft, weil ich mir sicher bin, daß er wesentlich mehr Tibetisch sprach als nur ein paar Brocken. Die tibetische Umgangssprache ist nicht schwer zu erlernen. Man muß vor allem die Vokabeln kennen, denn die Grammatik ist ziemlich einfach. Die tibetische Schriftsprache ist ein Alptraum, doch die Umgangssprache ist leicht zu erlernen. Ich bin mir sicher, daß Gurdjieff dazu in der Lage war. Und natürlich wird Tibetisch nicht nur in Tibet gesprochen, sondern auch auf der anderen Seite der Berge in Turkestan und ebenso weiter südlich in Nepal, wie ich selbst festgestellt habe. Die verschiedenen tibetischen Dialekte werden in einem ziemlich großen Gebiet gesprochen. Deshalb war Tibetisch äußerst nützlich für jemanden, der diesen Teil der Welt bereisen wollte.

Gurdjieffs Reisen nach Tibet zwischen 1899 und 1902 standen mit einem seiner schweren Unfälle in Zusammenhang. In einer seiner Schriften der dritten Serie beschreibt er, wie er während der Expedition nach Tibet von einem

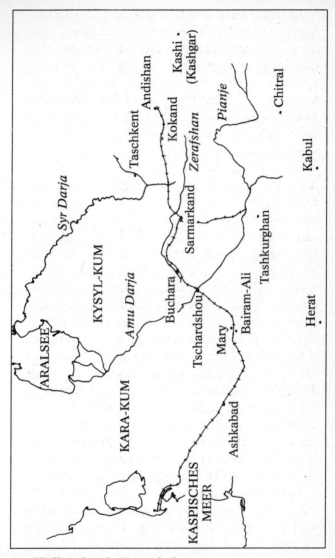

Gurdjieffs Reisen in Zentralasien

›Ausreißer einer verirrten Kugel‹ getroffen wurde. Um wieder zu Kräften zu kommen, brauchte er lange Zeit, um sich zu erholen. 1904, zur Zeit der fehlgeschlagenen russischen Revolution im Kaukasus, wurde er noch einmal schwer verwundet. Auch über diesen Vorfall sagte Gurdjieff, er sei von einem Ausreißer getroffen worden. Nach beiden Verletzungen begab er sich offenbar nach Zentralasien, wo er Freunde hatte, die ihn durch die Anwendung jener weiter oben erwähnten Energien und Stoffe zu heilen vermochten. Nach seiner Schilderung waren die Verletzungen so schwerwiegend, daß er, ohne diese Art von Hilfe, vor seinem dreißigsten Lebensjahr gestorben wäre.

Nun kommen wir zu einem anderen interessanten Punkt. Bis jetzt habe ich über Techniken gesprochen, die mit Energien in Zusammenhang stehen, mit der Transformation von Stoffen, sowie über Gurdjieffs gründliche Studien der menschlichen Psyche durch den Einsatz von Hypnose und durch seine Fähigkeit, menschliche Probleme zu behandeln. Doch Gurdjieff besaß auch ein höchst außergewöhnliches und tiefgründiges Wissen über die Strukturgesetze der Welt und der menschlichen Psyche. Man muß sich fragen, woher dieses Wissen stammte.

Als wir uns Mitte der zwanziger Jahre für diese Themen interessierten, versuchte eine Gruppe von uns, die Ursprünge von Gurdjieffs Ideen über die kosmischen Gesetze zu finden. Beispielsweise seine Idee, die als ›Tafel der Wasserstoffe‹ bezeichnet wird – das ist das Spektrum der Stoffe von den feinsten oder göttlichen bis zu den gröbsten, die Gurdjieff als ›Materie ohne den Heiligen Geist‹ bezeichnete. Zweifellos kennen Sie diese Begriffe von Ouspensky und Nicoll. Sie sind eindeutig direkt auf Plato zurückzuführen und auf die sesquilateralen Berechnungen, die in Platos *Timaios* beschrieben werden und mittels derer man die Stoffe herausfindet, aus denen der Demiurg die verschiedenen Welten schuf. Diese platonischen Ideen sind über die Neuplatoniker in verschiedene semiokkulte Traditionen wie die der europäischen Rosenkreuzer und Freimaurer eingegangen und insgesamt in die als Okkultismus bezeichnete Überlieferung. Die offensichtliche Ähnlichkeit dieser Ideen und der Gebrauch, den die zu den Rosenkreuzern zählenden Autoren des 16. Jahrhunderts, etwa Dr. Robert Fludd, davon machten, legen zunächst den Gedanken nahe, daß Gurdjieffs Kosmologie nichts weiter als eine geniale Wiederverwendung des Materials einer sehr wichtigen und mächtigen Rosenkreuzerschule des 16. Jahrhunderts ist. Eine Schule, die zu jener Zeit in Holland existierte und der sich auch Dr. Fludd vermutlich angeschlossen hatte.

Wir beschäftigten uns damals mit allem, was wir über dieses äußerst schwierige Thema finden konnten. Die Hauptschwierigkeit besteht darin, daß fast alle Quellen nur in lateinischer Sprache existieren. Allerdings enthalten sie glücklicherweise zahlreiche Diagramme. Natürlich gibt es auch das bekannte Werk von Jacob Böhme, *Aurora*, mit den bemerkenswerten Diagrammen von William Law. Ich vermute, daß Gurdjieff dieses Material kannte und benutzte. An einem bestimmten Punkt jedoch stellten wir unsere Nachforschungen ein, weil offensichtlich keinerlei Hinweise auf das von Gurdjieff als Enneagramm bezeichnete Symbol aus neun Linien auftauchten, das er benutzte, um sein Lehrmaterial darzustellen. Doch obgleich diese Autoren der Rosenkreuzer, insbesondere Dr. Fludd, die Tonskala benutzten und sogar die drei Oktaven genauso verwendeten wie Gurdjieff, schienen sie die Intervalle völlig anders verstanden zu haben als er. Ihm erschien wichtig, daß Schocks beziehungsweise unabhängige Interventionen notwendig sind, um Prozesse jeder Art zu vollenden. Dieser Punkt ist wirklich äußerst wichtig, und ich weiß durch meine eigenen langjährigen Studien, daß gerade er ein höchst wichtiges Licht auf unsere eigenen persönlichen Erfahrungen wirft. Zugleich auf Erfolg und Mißerfolg bei den verschiedensten menschlichen Unternehmungen, auf das Verständnis der Natur lebender Organismen sowie des gesamten Universums. All dies ist nur höchst vage zu begreifen, wenn man die Intervalle und Schocks nicht berücksichtigt.

Kürzlich las ich zufällig die letzten Passagen von Keplers Werk über die Planetenbewegungen.[2] Seine Arbeit basierte, wie Sie wissen werden, hauptsächlich auf dem Gefühl, daß diese Konstruktionen der Rosenkreuzer kosmologisch von Bedeutung sein müssen. Ich hatte noch nie zuvor jenen Hymnus gelesen, mit dem Kepler sein Buch abschließt. Ich hatte nicht erkannt, wie außergewöhnlich Keplers Einstellung zu seinem eigenen Werk war. Kepler war auf der Suche. Er und natürlich auch der Engländer Isaac Newton, alle jene Männer, die die Wissenschaft der Mechanik und die moderne Mathematik und Astronomie begründeten, waren von der Überzeugung inspiriert, daß es ein Harmoniegesetz geben müsse. Newtons Bibliothek enthielt fast alle Schriften zu diesem Thema, die zu jener Zeit verfügbar waren. Doch weist nichts darauf hin, daß er das Geheimnis der Diskontinuität der Übergänge und der Notwendigkeit von Schocks kannte.

Dies bringt uns zu der interessanten Frage, wo Gurdjieff dies fand, wenn es zu jener Zeit, als das europäische Denken sich so stark mit diesem Problem beschäftigte, nicht bekannt war – also im 16. und 17. Jahrhundert. Warum gibt es weder bei den Neuplatonikern und Pseudodionysiern noch in den Traditionen der Rosenkreuzer und der Freimaurer Anzeichen für die Theorie der Notwendigkeit eines ineinander verschachtelten Spiels von Prozessen, so wie Gurdjieff dies in seinem Symbol des Enneagramms dargestellt hat?

Gurdjieff selbst gibt uns einen Hinweis darauf, wie diese Frage zu beantworten ist, denn sowohl in seinem Buch *Beelzebub* als auch in seinen Schriften der zweiten Serie – besonders im Kapitel *Prinz Juri Lubowedsky* – beschreibt er, wie er den Weg zu einer bestimmten Bruderschaft fand, die, wie er sagte, im oberen Buchara existierte und von der dieses spezielle Wissen stammte. Vielleicht haben Sie beim Lesen nicht gemerkt, daß er sich auf dieses Wissen bezieht, doch wenn Sie den Teil des Kapitels noch einmal lesen, in dem es um die Ausbildung der Priesterinnen geht, die die heiligen Tänze aufführten, und um das Gerät, das sie zum Training benutzten, so werden Sie feststellen, daß dies eine eindeutige Bezugnahme auf das Symbol des Enneagramms ist. Nur für den Fall, daß irgend jemand dieses Symbol nicht kennt, möchte ich es hier wiedergeben. Man teilt einen Kreis in neun gleiche Teile. Die neun Punkte werden so miteinander verbunden, daß ein Dreieck und eine sechsseitige Figur entstehen.

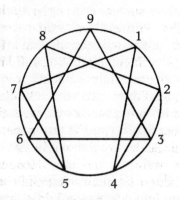

Dies ist Gurdjieffs Enneagramm. Wie Sie sehen, handelt es sich um ein Dreieck in Verbindung mit einer Hexade. Das Geheimnis der letzteren liegt in der Anordnung der Punkte: 1, 4, 2, 8, 5, 7. Das Symbol zeigt, wie Prozesse ineinander verschachtelt sein müssen, so daß jeder den anderen unterstützt, weil nur auf diese Weise etwas Dauerhaftes entstehen kann. Beispielsweise entsteht so die Stabilität eines lebenden Organismus wie der des menschlichen Körpers.

Vermutlich werden Sie mir zustimmen, wenn ich sage: Wenn wir feststellen könnten, wo Gurdjieff das Enneagramm fand, würden wir auch wissen, wo er die wichtigsten Elemente seiner Lehre fand. Wir wüßten dann, woher er das hatte, was in der westlichen Überlieferung fehlt.

Ich werde Ihnen nun eine sehr interessante Detektivgeschichte erzählen. In der Geschichte über *Solowiew,* die in der Mitte des Kapitels über Lubowedsky eingefügt ist, spricht Gurdjieff darüber, wie er auf den Weg zu dem geführt wurde, wonach er suchte. Wie er gleichzeitig seinen Freund, den Prinzen Yuri, durch den Kontakt mit einem Derwisch aus Buchara fand, den Gurdjieff in seinem Buch Bogga-Eddin nennt. Nun war Bogga-Eddin eindeutig ein Moslem, doch Bogga-Eddin ist kein Moslem-Name. Doch das ist unproblematisch, weil die Russen das H in der Schriftsprache fast immer zu einem G machen. Beispielsweise würden sie ›Gospital‹ schreiben, wenn es bei uns ›Hospital‹ heißt. Deshalb hätten sie auch mit ziemlicher Sicherheit Bahauddin als Bogga-Eddin geschrieben. Wenn Gurdjieff also von einem bucharischen Derwisch namens Bogga-Eddin spricht, so bezieht er sich damit zweifellos auf jemanden namens Bahauddin. Nun gibt es einen sehr berühmten Bahauddin Naqshbandi von Buchara, dessen Grab in ganz Asien bekannt ist und der seit dem 14. Jahrhundert so sehr verehrt wird, daß Paul Vambery sagte, drei Besuche am Grab von Mohammed Bahauddin Naqshbandi kämen einer Pilgerreise nach Mekka gleich.

Ich halte es deshalb für ziemlich gesichert, daß Gurdjieff, wenn er über den bucharischen Derwisch Bogga-Eddin schreibt, uns auf den Orden der Naqshbandi-Derwische verweist. Ich muß Ihnen gestehen, daß mich der Naqshbandi-Orden seit vielen Jahren fasziniert. Ich habe Mitglieder dieses Ordens auf der ganzen Welt getroffen. Viele von Ihnen haben vermutlich noch nie von den Naqshbandi gehört. Viele kennen die Mewlewi, die tanzenden Derwische, die Rufai, die heulenden Derwische, oder die Kadiri-Derwische, die Nachfolger von Abdul Kadir Jelani. Es würde mich jedoch überraschen, wenn Sie schon jemals von den Naqshbandi gehört hätten – es sei denn, sie haben das Gebiet um Buchara bereist. Und doch ist der Naqshbandi-Orden heute der am weitesten verbreitete unter allen Sufi-Orden. Naqshbandi-Derwische findet man von Marokko bis Indonesien. Letzteres erfuhr ich durch Mohammed Subhu[3], der selbst Schüler des berühmtesten Scheichs der Naqshbandi in Java, Abdurrahman, gewesen ist. Ich glaube, ich irre mich nicht, wenn ich sage, daß es sogar auf den Salomon-Inseln Naqshbandi-Derwische gibt. Ganz sicher gibt es Naqshbandi in Pakistan, denn dort bin ich ihnen begegnet, und natürlich sind sie im ganzen Nahen und Mittleren Osten zu finden. Ich habe gehört, man begegne ihnen auch im islamischen Teil Afrikas, doch möchte ich eigentlich nur über das sprechen, was ich mit eigenen Augen gesehen habe. Auch in Syrien habe ich Naqshbandi getroffen – in Damaskus und in Aleppo. Und ich bin ihnen in Kleinasien begegnet. Sie unterscheiden sich von den meisten anderen Derwisch-Orden durch einige auffällige Eigenarten. Zunächst ist eines der Grundprinzipien des Naqshbandi-Ordens, daß der Mensch eine vollständige Harmonie zwischen seinem inneren und seinem äußeren Leben anstreben sollte, weshalb die Naqshbandi es ihren Anhängern nicht gestatten, sich auf irgendeine Weise aus der Welt zurückzuziehen. Wo immer ich Naqshbandi-Derwische kennengelernt habe, gingen sie ganz normalen Berufen nach – einige waren reich, andere arm, einige gebildet, andere sehr einfache Menschen, doch immer führten sie ein ganz normales Leben: Sie waren verheiratet, hatten Kinder, wenn sie dies wollten, hatten Erfolg im weltlichen Sinne. Außerdem herrschte ein sehr starkes Prinzip gegenseitiger Liebe und der Brüderlichkeit, das von ihnen forderte, nicht nur anderen Ordensmitgliedern zu helfen, sondern auch stets für das Wohl ihrer Mitmenschen tätig zu sein. Sie werden bemerken, daß alle diese Eigenschaften dem entsprechen, was Gurdjieff als ›Vierten Weg‹ bezeichnete.

Die Naqshbandi-Derwische haben ein umfangreiches Wissen über die Umwandlung von Energie. Ich sage das, weil ich es selbst gesehen habe. Ich habe jedoch etwas sehr Eigenartiges festgestellt, dessen Grund ich nicht herauszufinden vermochte: Man kann einen Naqshbandi-Scheich nicht dazu bringen zu sagen, wer oder was hinter ihm steht. Entweder sagt er direkt, er selbst bilde das Zentrum der Arbeit der Naqshbandi, oder er gibt dies durch Andeutungen zu verstehen. Seine Schüler werden stets versichern, er sei der eine Große Lehrer, und es gebe keinen anderen. Dies gilt auch, wenn man weiß, daß nur wenige Kilometer entfernt auf der anderen Seite des Berges ein anderer Naqshbandi-Scheich lebt, dessen Anhänger ihn ebenfalls als den einzigen wahren Lehrer bezeichnen. Nun könnte man denken, daß die Naqshbandi eben ein bißchen merkwürdig sind, weil die Naqshbandi-Scheichs sich allesamt als die einzigen wahren Lehrer bezeichnen. Ich habe nur zweimal erlebt, daß Naqshbandi mir erzählten, es gebe einen noch höherstehenden Lehrer. Einmal war das in Cehan, das andere Mal in Istanbul. Beide Male wurde dabei mit dem Finger nach Osten gedeutet, und in beiden Fällen nannte man mir den Namen einer bestimmten Stadt. Ich erfuhr sogar, wie ich den *Mutessarif-i-Zeman* (den ›Lehrer dieser Zeit‹) finden könne, falls ich dies wolle. Doch bin ich mir ziemlich sicher, daß, selbst wenn ich ihn gefunden hätte, das Geheimnis nicht vollständig gelüftet worden wäre. Man könnte sich fragen, ob der Naqshbandi-Orden in Wahrheit eine riesige Geheimgesellschaft ist, die ihre Organisationsstruktur sehr erfolgreich verschleiert, indem sie, wo immer man mit ihr in Berührung kommt, den Anschein erweckt, man befinde sich in ihrem Zentrum. Oder ob es in der Natur der Arbeit dieses Ordens und ihrer Einstellung zum Problem des Lebens liegt, daß ihre Scheichs, Führer oder Lehrer ein so hohes Maß an Autonomie haben. Ich glaube, daß der Naqshbandi-Orden nicht hierarchisch organisiert ist in dem Sinne, daß es eine Kette immer höherstehender und immer mächtigerer Führer gibt. Vermutlich sind die einzelnen Gruppen der Naqshbandi tatsächlich ziemlich unabhängig. Auch dies ist eine der Eigenarten der Schulen des Vierten Weges, so wie Gurdjieff sie beschrieben hat. Sie sind weder ›dauerhaft‹ noch ›starr‹, sondern tauchen auf und verschwinden, je nach den Erfordernissen der Zeit und des Ortes. Dennoch behauptete Gurdjieff, es gebe immer einen ›Inneren Kreis‹, zu dem nur diejenigen Zutritt haben, die den Erfordernissen und Aufgaben dieses Kreises zu entsprechen vermögen.

Gurdjieff sprach sehr eindringlich über all dies. Er sagte, Buchara sei der Ort, wo man hingehen müsse. »Wenn Sie die Geheimnisse des Islam wirklich kennenlernen wollen«, sagte er, »in Buchara werden Sie sie finden.« Das ist gleichbedeutend mit der Aussage, man würde sie im Zentrum der Naqshbandi finden. Aus Gurdjieffs Worten scheint klar hervorzugehen, daß die Naqshbandi es waren, die das Enneagramm kannten und die folglich über sehr grundlegende und außerordentliche Lehren verfügten.

Ich kann noch ein weiteres Beweisstück für diese Interpretation anführen. Man findet es in der Etymologie des Wortes Naqshbandi. Der Orden wurde im 14. Jahrhundert von Muhammad Bahauddin gegründet, der im Jahre 1390 starb. Verglichen mit den Mewlewi, die Zeitgenossen der Franziskaner sind, oder den Kadiri, die fast so alt sind wie die Benediktiner, ist der Naqshbandi-Orden noch ziemlich jung. Weshalb nahm Bahauddin den Beinamen Naqshbandi an? Das Wort *Naqsh* bedeutet Siegel, Symbol oder Zeichen, und *Naqshband* ist jemand, der etwas versiegelt oder der ein Zeichen gibt. Das Wort *Naqshband* kann auch bedeuten, ›die, die Symbole schaffen; die, die Macht haben, einen Symbolismus zu schaffen‹. Es erscheint mir als wahrscheinlich, daß es Gurdjieff gelang, Kontakt zu den Naqshbandi-Derwischen aufzunehmen, als er dieses Gebiet gegen Ende des letzten und zu Anfang unseres Jahrhunderts bereiste. Er weist mehrfach darauf hin, was damals geschah. Diese Hinweise sind über verschiedene Kapitel seiner Bücher verteilt. Einige befinden sich im Kapitel mit dem Titel ›Der Bucharische Derwisch Adji-Asvaz-Truv‹[4], einige in dem Kapitel aus der zweiten Serie mit der Überschrift *Prinz Juri Lubowedsky,* das ich bereits erwähnte, und wieder andere im Kapitel *Professor Skridlow,* dem letzten Kapitel, das veröffentlicht worden ist.[5] So kommen wir zu dem Schluß, daß das, was Gurdjieff später als seine ›Ideen‹ bezeichnete, durch Zusammenfügen zweier Hälften einer einzigen Wahrheit entstanden ist. Die eine Hälfte ist in der westlichen, hauptsächlich in der platonischen Tradition zu finden, die andere in der östlichen, hauptsächlich in der von den Naqshbandi stammenden Überlieferung. Auf diese Verbindung zweier Hälften wird in der Geschichte vom Bulmarschano im Kapitel 44 des *Beelzebub* hingedeutet.

Trifft diese Hypothese zu, so muß in einer sehr frühen Phase – vor der Entwicklung des Christentums – ein großes Wissen über die Beschaffenheit der natürlichen Ordnung existiert haben und dieses Wissen aus irgendeinem Grunde aufgeteilt worden sein. Der eine Teil gelangte in den Westen – mit ziemlicher Sicherheit über Pythagoras, wie Plato im *Timaios* vermutet. Der andere Teil verblieb im Osten bei den chaldäischen Magi und breitete sich nordwärts aus, als nach Alexanders Invasion das Reich der Achämeniden zerfiel. Einiges, worüber Gurdjieff sprach – etwa als er sagte: »Was ich Ihnen nun erzählen werde, ist sehr alt, viertausendfünfhundert Jahre alt« –, könnte man als Übertreibung verstehen, doch ich glaube, er bezog sich tatsächlich auf den Ursprung all dieser Dinge, auf die Zeit des Übergangs von der sumerischen zur chaldäischen Kultur. Wahrscheinlich verstand man in jener alten Zeit wesentlich mehr über die Gesetze und die Natur des Menschen, als wir heute zu glauben bereit sind. Vielleicht erscheint es Ihnen kaum glaubhaft, daß diese ›primitiven‹ Völker solche Dinge verstanden haben sollen, doch wenn Sie sich anschauen, was sie zustande gebracht haben, halten Sie sie vielleicht nicht mehr für so primitiv. Wenn man außerdem die

Ägypter einbezieht und sich fragt: »Welche Beziehung bestand zu Beginn des dritten vorchristlichen Jahrtausends zwischen Sumerern und Ägyptern?«, dann wird man möglicherweise zu der Überzeugung gelangen, daß zu jener Zeit ein großes Wissen existiert haben muß. Vielleicht stehen wir mit unserer gesamten modernen Wissenschaft in einem weitaus größeren Maße auf den Schultern jener Völker, als uns klar ist. Wir glauben, wir hätten in den letzten drei- oder vierhundert Jahren praktisch alles, was wichtig ist, entdeckt, sozusagen von Null beginnend seit der Zeit der unwissenden Astrologen und Alchimisten und den willkürlichen und gestelzten Spekulationen der Neuplatoniker.

Wahrscheinlich steckte hinter all dem wesentlich mehr echtes Wissen über den Menschen und über die Welt, als wir zuzugestehen bereit sind.

Gurdjieff war sicherlich hiervon überzeugt, und er bemühte sich, durch seine Suche soviel wie möglich davon zu enthüllen. Ich habe bisher hauptsächlich über Gurdjieffs Suche in Zentralasien gesprochen, doch ich weiß, daß Gurdjieff noch viel weiter nach Osten gereist ist. Aus dem, was er gesagt hat, muß man schließen, daß er die Pazifischen Inseln mit eigenen Augen gesehen hat – ganz sicher die Salomon-Inseln. Als er zu den Salomon-Inseln reiste, suchte er nach etwas, und auch heute noch ist dort zweifellos etwas Wichtiges zu finden.

Ich will nun versuchen, das, was ich bisher gesagt habe, zusammenzufassen. Gurdjieffs großes Glück oder sein Schicksal war, daß es ihm gelang, die Quelle wirklich wichtigen traditionellen Wissens zu entdecken, die meiner Vermutung nach in irgendeiner Weise mit den Naqshbandi-Derwischen in Verbindung steht. Es gelang ihm auch, äußerst wirksame und machtvolle Methoden zu finden, mit deren Hilfe der Mensch die feinen Stoffe zu produzieren vermag, die mit unseren psychischen und spirituellen Erfahrungen in Verbindung stehen. Außerdem erwarb er ein ausnehmend fundiertes Wissen über die menschliche Psyche, welches sich stark von dem unterscheidet, was die westliche Psychologie im Laufe der letzten sechzig Jahre gefunden hat. Ein Wissen auch, das in mancher Hinsicht wesentlich tiefer reicht.

Wenn ich auf die nun mehr als dreiundvierzig Jahre zurückblicke, die vergangen sind, seit ich Gurdjieff zum erstenmal begegnete, so muß ich verwundert feststellen, daß viele seiner Aussagen, die mir damals in heftigem Widerspruch zu allem zu stehen schienen, was die Wissenschaft, insbesondere die Psychologie, zu jener Zeit vertrat, heute allgemein akzeptiert werden. Dies ist nur teilweise auf Gurdjieffs Einfluß zurückzuführen, hauptsächlich auf die Weiterentwicklung dieser Wissenschaften selbst. Ich finde das höchst erstaunlich. Ich könnte Ihnen eine ganze Reihe von Beispielen für Dinge geben, die uns höchst merkwürdig erschienen, als wir sie in den Jahren 1921 und 1922 zum erstenmal hörten. Beispielsweise Gurdjieffs Aussagen über die Natur des extra-galaktischen Raums, der zahllosen

Galaxien außerhalb unserer eigenen. Ich kann mich nicht mehr genau erinnern, wann man anfing, dies zu akzeptieren – jedenfalls erschien uns diese Vorstellung damals höchst merkwürdig. Mittlerweile ist sie allgemein akzeptiert.

Im nächsten Kapitel werde ich darüber sprechen, wie man herausfinden kann, ob alles, was Gurdjieff sagte, ausschließlich Ergebnis seiner eigenen Nachforschungen war – sehr intelligent zusammengefügt durch die vereinten Bemühungen einer Gruppe von sehr außergewöhnlichen Menschen –, oder ob ein Teil seiner Lehren sich so nicht vollständig herleiten läßt – aus einer eindrucksvollen Erforschung der Traditionen und der fast ebenso eindrucksvollen Bemühung um eine Synthese des auf diese Weise erlangten Wissens.

FRAGEN

F.: Ich bin Armenier, aber ich habe noch nie etwas von den armenischen Geheimgesellschaften gehört, von denen Sie gesprochen haben ...

J. G. B.: Sicher kennen Sie den Daschnak?

F.: Das war eine politische Partei.

J. G. B.: Wesentlich mehr als das.

F.: Aber doch nicht im mystischen Sinne?

J. G. B.: Ich kann nur sagen, daß ich 1919 persönlich mit Anhängern dieser Gruppe in Kontakt stand und daß ich mir sicher bin, daß damals ein mystisches Element eine Rolle spielte. Sicherlich wirkt diese Gruppe nach außen wie eine politische Partei. Im Kaukasus habe ich aber eindeutige Beweise dafür gefunden, daß die Gruppe ein religiöses und sogar ein mystisches Element hat.

F.: Aber der Daschnak ist eine politische Partei mit marxistischem Hintergrund, und der Marxismus ist wohl kaum mystisch.

J. G. B.: Zur politischen Partei wurde diese Gruppe erst wesentlich später. 1920 war sie noch eine Geheimgesellschaft. Ich kann nur über Leute sprechen, die ich persönlich kennengelernt habe, als ich 1919 und 1920 in Istanbul war. Diese waren Mitglieder des Daschnak und ganz bestimmt keine Marxisten. Für diese Ansicht gibt es sehr zwingende Gründe. Das äußere Ziel des Daschnak war die Unabhängigkeit Armeniens. Die Gruppe war eine armenische Nationalbewegung, keine politische Gruppe in dem Sinne, daß sie marxistisch oder antimarxistisch gewesen wäre – zumindest nicht zu jener Zeit. Ich bin mir völlig sicher, daß solche Gesellschaften um 1890 – denn damals existierten sie schon – einfach das Ziel hatten, die armenische Kultur und Lebensweise zu erhalten.

Natürlich waren derlei Gruppierungen der zaristischen Regierung jener Zeit ein Dorn im Auge. Warum? Weil sie die Unabhängigkeit Armeniens anstrebten. Aus dem gleichen Grunde waren sie auch der türkischen Regierung ein Dorn im Auge. Doch das ist nur die eine Seite der Medaille. Nach dem, was Gurdjieff selbst zu diesem Thema gesagt hat, steht zumindest fest, daß er durch seine Verbindungen zu der einen oder anderen dieser Geheimgesellschaften die Möglichkeit erhielt, das Gebiet des heutigen Armenien und Kurdistan zu bereisen.

F.: Ist irgend etwas über seinen Aufenthalt in Indien bekannt?

J. G. B.: Sehr wenig. Nur eine höchst zweifelhafte Geschichte, die von ihm selber stammt: Er habe als Siebzehn- oder Achtzehnjähriger Madame Blavatsky kennengelernt, und sie habe sich in ihn verliebt.

F.: Hat das Enneagramm bestimmte Eigenschaften? Ist es das Symbol einer Gesellschaft, ähnlich wie das Pentagramm? Steht es mit anderen Symbolen in Verbindung?

J. C. B.: Sehr wahrscheinlich ist es das Emblem einer Gesellschaft. Ich möchte jetzt nicht über die Interpretation sprechen, doch ich werde ganz sicher später etwas darüber sagen. Im Augenblick geht es nur darum, daß es ein Symbol ist, ein *Naqsh*, das mit einer Gesellschaft in Verbindung stehen könnte, nicht darum, daß es ein Werkzeug ist. Außer Gurdjieffs Hinweis, daß es etwas mit den bucharischen Derwischen zu tun habe, habe ich nur einmal gehört, daß es in Nordindien noch heute für die Divination benutzt wird.

F.: Könnten Sie etwas über die Techniken der Energietransformation sagen?

J. G. B.: Wie Gurdjieff lehrte und was er lehrte, werde ich in einem dritten Kapitel behandeln. Hier wollte ich versuchen, auf die vermutlichen Quellen hinzuweisen und darauf, wie Gurdjieff zu dem Material kam, das er später als seine ›Ideen‹ oder sein ›System‹ bezeichnet hat. Natürlich werde ich danach über die Energietransformation sprechen müssen, um die bisher ziemlich oberflächliche Darstellung des Rätsels Gurdjieff zu vervollständigen. Bitte verstehen Sie, daß ich hier keine Ausführungen über Gurdjieffs Lehren machen möchte, sondern versuchen, auf die Einzigartigkeit dieses Menschen hinzuweisen. Viele haben die Gebiete bereist, die Gurdjieff bereiste, doch niemand scheint gefunden zu haben, was er fand. Zu einer bestimmten Zeit glaubte ich wie viele andere, Gurdjieff habe seine Lehren aus den westlichen Traditionen übernommen. Und zweifellos gab es russische Gesellschaften von Okkultisten, die das Material sehr sorgfältig untersuchten, das gegen Ende des 19. Jahrhunderts viele Russen so faszinierte. Erst als wir im Jahre 1924 anfingen, dieses Material selbst gründlich zu untersuchen, kamen wir zu der Überzeugung, dies könne die Erklärung nicht sein. Gurdjieff schien etwas entdeckt zu haben, das sich von allem unterschied, was in Europa zu finden war, und auch von allem, was in Indien zu finden war, denn es ist weder tantrisch noch buddhistisch und auch nicht mit den theosophischen Quellen vergleichbar. Zweifellos hat Gurdjieff den Buddhismus sehr ernsthaft studiert, denn er hat gewisse Elemente der buddhistischen Psychologie in sein System übernommen und mit seinen eigenen Ideen verbunden. Doch seine grundlegenderen Ideen sind, soweit ich weiß, weder in einer der klassischen Hindu-Philosophien noch im Tantrismus oder im Buddhismus zu finden.

Gurdjieffs Lehren
und Lehrmethoden

Charakteristisch für Gurdjieffs Lehren und Lehrmethoden ist, daß er niemals stehenblieb, sondern bis zum Ende seines Lebens weiterexperimentierte. Soweit ich feststellen konnte, hat er vom Anfang seiner Suche im Alter von etwa sechzehn Jahren bis zum Ende seines Lebens im Oktober 1949 in seiner Entwicklung nie stagniert.

Dieses unentwegte Weiterexperimentieren kann zu Mißverständnissen führen. Menschen, die Gurdjieff aus einer bestimmten Periode seines Lebens kennen, sehen diese häufig als repräsentativ für sein gesamtes Leben an und sehen sich dann in völligem Widerspruch zu anderen, die ihn zu einer anderen Zeit kennenlernten. Dies gilt auch für Aussagen, die Gurdjieff zu einem bestimmten Zeitpunkt machte und die er dann dreißig Jahre oder auch nur dreißig Tage später revidierte. Die meisten Bücher über Gurdjieff beziehen sich auf bestimmte Abschnitte seines Lebens, weshalb man durch bloßes Lesen dieser Bücher nicht zu einem adäquaten Bild kommen kann.

Ich muß hier jedoch noch eine andere Eigenschaft Gurdjieffs erwähnen. Er pflegte sich oft absichtlich in ein schlechtes Licht zu stellen. Zu diesem Zweck legte er sich eine Maske zu, die andere Menschen abstoßen sollte, statt sie anzuziehen. Nun war diese Methode in früheren Zeiten bei den Sufis sehr beliebt; sie wird *Weg des Malamat* oder Weg des Tadels genannt. Scheichs oder Pirs, die den Weg des Tadels gingen, galten als besonders weit fortgeschritten in ihrer spirituellen Entwicklung. Sie präsentierten sich der Außenwelt in einem möglichst nachteiligen Licht, teilweise, um Ruhm und Bewunderung fernzuhalten, teilweise aber auch zum eigenen Schutz. Der Weg des Malamat ist in unserer Zeit in Vergessenheit geraten. Natürlich wurde die Methode unter einem anderen Namen auch im Christentum und in allen anderen großen Religionen praktiziert. Das Anziehen von Tadel statt von Lob war zu allen Zeiten eine anerkannte Methode. Heute jedoch wird sie kaum noch verstanden, und gewöhnlich wird auch nicht akzeptiert, daß jemand absichtlich tadelnswerte Handlungen ausführt.

Es gibt einen bestimmten Grund dafür, den Weg des Malamat zu gehen. Er steht mit den Kräften in Zusammenhang, die Menschen umgeben, welche in der spirituellen Welt einen hohen Rang innehaben. In den alten zoroastrischen Lehren war eine gewisse Macht bekannt, die Hvareno genannt wurde. Sie war ein Charakteristikum des Königtums. Wer über Hvareno verfügte, hatte die Macht, Menschen anzuziehen. Ihm war der ›königliche Zug‹ eigen. Das Vorhandensein dieser Macht konnte man anhand bestimmter Merkmale oder Eigenschaften des physischen Körpers erkennen. Diese Zeichen zeigten an, daß ein Mensch entweder im materiellen oder im spirituellen Bereich für eine sehr hohe Position bestimmt war. Beispielsweise soll Buddha auf diese Weise gezeichnet gewesen sein, und diese Zeichen wurden bei ihm erkannt, als er noch ein Kind war. Er war dazu bestimmt, eine hohe spirituelle Entwicklungsstufe zu erreichen, allerdings war nicht festzustellen, ob er ein großer König werden würde, der dazu bestimmt war, die Welt zu beherrschen, oder ob er ein spiritueller Eingeweihter werden würde. Wenn ein so Gezeichneter, der über die Hvareno genannte Macht verfügte, den spirituellen Weg zu gehen wünschte, so mußte er sich dagegen schützen, in die Messias-Rolle gedrängt zu werden, die äußerliche Erhöhung seiner Person. Menschen mit einer sehr hohen spirituellen Bestimmung gehen unter anderem deshalb den Weg des Malamat, weil sie sich dagegen schützen wollen, auf einen Thron gesetzt und dann entweder bedient oder verehrt zu werden.

In den Evangelien ist zu lesen, daß Jesus diese Hvareno-Kraft in so außerordentlichem Maße besaß, daß die Juden ihn gewaltsam zu ihrem König machen wollten. Doch es heißt auch, immer, wenn diese Gefahr bestanden hätte, habe er sich zurückgezogen und sich verborgen. Daraus könnte man schließen, daß Jesus den Weg des Malamat ging, was in den Worten ›Er wurde von den Menschen verachtet und abgelehnt‹ zum Ausdruck kommen könnte. Vielleicht erinnern Sie sich, daß der heilige Thomas von Kempen in seiner *Nachfolge Christi* den Rat erteilt, wenn jemand Christus folgen wolle, so solle er in all seinem Tun den Tadel suchen, nicht den Ruhm.

Wir könnten hieraus schließen, daß der Weg des Tadels eine Begleiterscheinung des höchsten Gipfels der Spiritualität sei und daß selbst Jesus Christus diesen Weg ging, um seine Mission auf Erden zu erfüllen. Es scheint sogar, als wäre dies die geeignete Methode für jeden, der Gefahr läuft, jene Art von Heldenverehrung anzuziehen, die an Götzendienst grenzt. Persönliche Anziehungskraft ist eine schreckliche Versuchung, der nur wenige zu widerstehen vermögen.

Gurdjieff erkannte schon in frühen Jahren, daß er über Kräfte dieser Art verfügte. Ich möchte hier keineswegs nahelegen, Gurdjieff mit Salomon oder Buddha zu vergleichen, von denen bekannt ist, daß sie diese Male trugen. Ich will nur sagen, die Hvareno-Qualität war ihm in gewissem Maße angeboren, und er erkannte, daß er durch diese Qualität in eine Rolle äußerer Autorität geraten konnte. In der schon im letzten Vortrag erwähnten Schrift Gurdjieffs *The Herald of Coming Good* aus dem Jahre 1933 erklärt er, er habe vor einundzwanzig Jahren (also 1912) beschlossen, sich eine, wie er sagt, ›unnatürliche Lebensweise‹ anzueignen, um sich vor den Folgen seiner eigenen Hvareno zu schützen.

Ein Mensch, der sich diese Anstrengung auferlegt, ist aufgrund seines äußeren Verhaltens kaum zu verstehen, und genau das war bei Gurdjieff der Fall. Viele haben versucht, ihn nach seinem äußeren Verhalten zu beurteilen und dabei außer acht gelassen, daß er sich dieses äußere Verhalten aus oben erwähntem Grunde absichtlich zugelegt haben könnte. Er selbst bezieht sich darauf in *The Herald of Coming Good*. Doch schon kurz nach dem Erscheinen dieses Buches unterdrückte er eine weitere Verbreitung und zog alle noch nicht verkauften Exemplare zurück. Wahrscheinlich haben nur wenige von Ihnen dieses Buch jemals in Händen gehalten. Auch diese Maßnahme stand mit der Notwendigkeit in Zusammenhang, seine wahre Natur zu verbergen. Die Situation war ihm vor der Veröffentlichung anders erschienen, deshalb entschloß er sich beim Erscheinen, die Veröffentlichung rückgängig zu machen. Das Buch war eine Art Versuchsballon gewesen, mit dessen Hilfe er herausfinden wollte, welche Konsequenzen es hätte, die Welt von der Möglichkeit bestimmter Dinge in Kenntnis zu setzen. Als er bemerkte, daß sein Vorhaben auf schwerwiegende Weise mißverstanden werden könnte, zog er das Buch zurück und arbeitete fortan im Verborgenen.

Ich kann Ihnen aufgrund meiner Studien und aufgrund meiner zahlreichen Begegnungen mit Gurdjieff versichern, daß er tatsächlich ein Mensch war, der sich aus freiem Willen dazu entschlossen hatte, seine Kräfte hinter einem Äußeren zu verbergen, das Tadel anzog. Wenn Sie hierüber nachdenken, werden Sie feststellen, wie schwer es uns fallen muß, aus der äußeren Erscheinung herauszulösen, wer dieser Mensch wirklich war und welche Ziele er tatsächlich verfolgte. Bevor ich hierauf näher eingehe, muß ich kurz die Phasen seines Lebens während der Zeit seiner Suche rekapitulieren, also die Zeit von seinem fünfzehnten Lebensjahr bis zu seinem Tode. Zuerst ging Gurdjieff hauptsächlich in der näheren Umgebung seiner Heimat auf die Suche. Er knüpfte in jener außergewöhnlichen Region des Kaukasus Kontakte, jenem Verbindungspunkt zwischen Europa und Asien, wo er geboren und aufgewachsen war. Etwa Mitte der neunziger Jahre des vorigen bis Anfang des zwanzigsten Jahrhunderts führten ihn seine Reisen wesentlich weiter. Während dieser Zeit war er zweifellos auch häufig mit einer gewissen Bruderschaft in Kontakt, auf die er sich einige Male bezogen hat. Dadurch lernte er offenbar eine alte und verborgene Tradition kennen, was seinen weiteren Aktivitäten eine neue Richtung gab. Nach dieser Zeit der Suche begann für ihn eine Zeit des Experimentierens mit dem Problem, das er sich selbst gestellt hatte. Er suchte nach einem Weg, den Menschen von jenem speziellen Defekt der menschlichen Natur zu befreien, der seiner Ansicht nach für die weitere Zukunft der Welt immer verhängnisvoller werden würde. Gemeint ist die Suggestibilität – die Schwäche des Menschen angesichts äußerer Suggestion; die Tendenz, der Masse zu folgen und sich von Propaganda jeder Art mitreißen zu lassen. Durch die Weiterentwicklung der Kommunikationstechnik ist dies heute zu einer ernsten Bedrohung für die Welt geworden. Die Suggestibilität in Verbin-

dung mit dem Entwicklungsstand der Kommunikationstechnologie hat zur Folge, daß persönliche Initiative heute weitgehend erstickt wird.
Daß es weiterhin möglich wird, den menschlichen Geist in einem Maß zu kontrollieren, das
sowohl für diejenigen, die die Kontrolle aus-
üben, wie auch für die auf diese Weise Kontrol-
lierten höchst verhängnisvoll werden kann. Al-
dous Huxley hat in *Schöne neue Welt* ein-
·drucksvoll geschildert, wohin dies führen kann.

Um das Problem der Beeinflußbarkeit des
Menschen zu untersuchen, beschäftigte Gurdjieff sich ausgiebig mit Hypnose. Das allererste
Gespräch, das ich 1920 mit ihm führte, kreiste
um die Thematik des Hypnotismus. Aufgrund
der erstaunlichen Dinge, die er mir damals erzählte, wurde mir klar, daß er ein viel grundle-
genderes Wissen über diese Thematik hatte als
jeder andere, den ich bis dahin kannte. Zufällig
war auch ich 1920 sehr an diesem Thema interessiert. Ich hatte nicht nur eine Menge über
Hypnose gelesen, sondern war auch von einem
Experten auf diesem Gebiet in der Technik der
Hypnose ausgebildet worden. In der Tat hatte
ich Hypnose selbst praktiziert, um herauszufinden, ob und inwieweit sie mir helfen konnte,
gewisse Schlußfolgerungen zu verstehen, die
Zeit und Ewigkeit betrafen und zu denen ich
durch meine mathematischen Studien gelangt
war. Allerdings wurde mir schnell klar, daß ich,
verglichen mit Gurdjieff, das Wissen eines Kin-
des hatte. Und nicht nur ich, sondern auch andere, die in der Hypnose sehr bewandert waren

und die ich persönlich kennengelernt hatte – wie etwa Charles Lancelin, der bekannte französische Okkultist –, waren weit davon entfernt zu begreifen, welchen Einfluß Hypnose auf den Menschen haben kann.

Gurdjieff betrieb in den Jahren 1900 bis 1908 praktische Studien zur Hypnose. Seine Arbeit auf diesem Gebiet bestand hauptsächlich darin, Alkohol- und Opiumabhängige zu heilen sowie Menschen von den verschiedensten anderen Einflüssen zu befreien, die Suggestibilität erhöhen und Initiative lähmen.[6] In jenen Jahren versuchte Gurdjieff, eine praktische Methode zu entwickeln, um Menschen, die an diesen schwerwiegenden Problemen litten, helfen zu können. Ich behaupte nicht, Suggestibilität sei *der* zentrale Punkt aller menschlichen Probleme, denn diese Schwäche rührt letztlich vom menschlichen Egoismus her. Gäbe es den Egoismus nicht, so wäre der Mensch auch nicht suggestibel. Dennoch ist Suggestibilität ein Symptom und eine ernst zu nehmendere Manifestation von Schwäche, als die meisten Menschen heute zuzugeben bereit sind. Wir alle haben natürlich über Dinge wie Gehirnwäsche und Beeinflussungstechniken in Werbung und Politik gehört. Doch tatsächlich ist das Laster oder die Schwäche der Suggestibilität wesentlich weitreichender und wird furchtbare Auswirkungen auf die menschliche Rasse haben, wenn man ihr nichts Wirksames entgegensetzt.

Gurdjieff war demnach, als er sich mit dieser psychischen Schwäche des Menschen und den

Möglichkeiten, sich von ihr zu befreien, auseinandersetzte, mit einer Thematik beschäftigt, die uns alle in starkem Maße angeht. Nun kann man ein Symptom nicht wirklich heilen, solange man nicht auf seine Ursachen einwirkt. Hinter der Suggestibilität verbirgt sich eine klägliche Unwissenheit über unsere eigene menschliche Natur, eines der größten Handicaps unserer heutigen Situation. Gerade in unseren Tagen ist dies ein gravierender Mißstand, weil wir so viel über die äußere Natur wissen und vergleichsweise wenig über die innere Natur, so daß unsere Aktivitäten in einen ziemlich bedrohlichen Ungleichgewichtszustand geraten. Wir vermögen heute äußerlich sehr effektiv zu funktionieren und sind dennoch innerlich sehr ineffektiv.

Gurdjieff interessierte sich also vor allem für die Natur des Menschen und versuchte herauszufinden, warum die Menschen sich selbst nicht kennen. Wahrscheinlich verhalf ihm der Kontakt mit der Schule, über die ich vorige Woche gesprochen habe, zu einer befriedigenden Erklärung dieses Tatbestandes – der heute sehr selten verstanden wird, sogar von Menschen, die Gurdjieffs Ideen entweder in seinen Schriften oder durch praktische Übung studiert haben. Unsere grundlegende Illusion betrifft die Natur des Bewußtseins. Was wir gewöhnlich als Bewußtsein bezeichnen, ist nur eine Spiegelung des eigentlichen Bewußtseins. Das wahre Bewußtsein ist die Umkehrung von dem, was gewöhnlich als Bewußtsein bezeichnet wird. Hinter unserem gewöhnlichen Bewußtsein liegt noch ein anderes

Bewußtsein, doch wäre es zutreffender zu sagen, daß das, was wir Bewußtsein nennen, die Umkehrung des Bewußtseins ist, ähnlich dem Negativ einer Fotografie, auf dem das Helle als dunkel und das Dunkle als hell erscheint.

Als Gurdjieff diese Charakteristik unseres Bewußtseins erkannte, vermochte er, seine früheren Studien über die Hypnose in ein umfassenderes Bild der menschlichen Problematik einzufügen. Mit anderen Worten, es ging darum, Methoden zu finden, die es dem Menschen ermöglichten, sein wahres Bewußtsein zu kontaktieren. Natürlich ohne den Kontakt zur äußeren Welt zu verlieren, für welche wir Menschen die Umkehrung des Bewußtseins – oder, wie es oft ziemlich irreführend heißt, das ›niedere Bewußtsein‹ – brauchen.

Neben diesen Problemen der Natur des Menschen interessierte sich Gurdjieff auch sehr stark für die ›Gesetze der Entstehung und Erhaltung der Welt‹. Diesen Ausdruck verwendete er, um das Wissen zu beschreiben, nach dem der Mensch immer gesucht hatte und durch das er die Welt und seinen eigenen Platz in derselben zu verstehen vermag. Es ist das Bedürfnis zu erfahren, wie die Welt aufgebaut ist, wie sie funktioniert und warum es uns Menschen möglich ist, so zu unserer Welt in Beziehung zu treten, wie wir es tun. Die Naturwissenschaften können diese Frage kaum formulieren, da sie nur das ›Wißbare‹ studieren, nicht die Quelle des Wissens selbst, also die Natur des Menschen. Die Wissenschaft akzeptiert es als unumstößliche

Tatsache, daß in der Welt ein Wesen wie der Mensch existiert, der von Gesetzmäßigkeiten physikalischer, chemischer und biologischer Prozesse beherrscht wird, auf die die Wissenschaft keine Antworten geben und über die sie auch keine Fragen stellen kann. Deshalb ist es notwendig, sich ein umfassendes Bild von der Welt zu machen, das sowohl den Menschen und seine Erfahrung als auch die Welt und ihre Natur erfaßt. Das Bedürfnis, die Gesamtsituation des Menschen in Beziehung zu seiner gesamten Umwelt zu verstehen, trieb Gurdjieff dazu, alles zu studieren, was er über die grundlegenden Gesetze und Prinzipien der Welt finden konnte. Er stieß bei dieser Suche auf außerordentliches Wissen, und zwischen 1908 und 1912 gelang es ihm, daraus eine eigene Kosmologie zu entwickeln, die er allerdings niemals vollendete.

Damit kommen wir zur fünften Periode in Gurdjieffs Leben, die um 1910 begann. Gurdjieff machte sich – wahrscheinlich zusammen mit anderen, die sich seiner Suche angeschlossen hatten – daran, all dieses Material zusammenzufügen. Er stellte eine Verbindung her zwischen dem, was er durch Experimente über die menschliche Psyche herausgefunden hatte, und dem, was er über die Gesetze und den Aufbau der Welt erfahren hatte – die Kosmologie. Und so nahm allmählich das Form an, was später als ›Gurdjieffs System‹ bezeichnet wurde, was er selbst jedoch gewöhnlich als seine ›Ideen‹ bezeichnete. Wie lange die Zeit des Synthetisierens dauerte, ist schwer zu sagen, denn in gewissem

Sinne war dieser Prozeß zu Beginn des Ersten Weltkrieges noch nicht abgeschlossen. Zu diesem Zeitpunkt hatte er erkannt, daß er, um seine Synthese zum Abschluß zu bringen, mit Menschen experimentieren mußte. Zunächst gründete er an verschiedenen Orten kleine Gruppen, später das ›Institut für die harmonische Entwicklung des Menschen‹. Zweifellos stand er in Verbindung mit einem sehr hochstehenden Zirkel, der am russischen Zarenhof verkehrte, und auch er selbst traf mehrmals mit dem Zaren Nikolaus II. zusammen. Er sprach mit uns über seine Bewunderung und sein Mitgefühl für den Zaren und über die merkwürdige Situation am russischen Hof. Vermutlich ist Ihnen bekannt, daß seine Frau eine polnische Adlige vom Zarenhof war.

Gurdjieffs Kontakt zum Zarenhof bestand bis zum Ausbruch des Ersten Weltkrieges im Jahre 1914. Er erzählte uns, er habe direkten Kontakt zu Rasputin gehabt, jenem Mönch, der einen so unheilvollen Einfluß auf den Zarenhof ausgeübt hat. Er selbst habe versucht, Rasputins Einfluß entgegenzuwirken. Wahrscheinlich entspricht dies der Wahrheit. Später zog Gurdjieff sich aus diesen Kreisen fast völlig zurück. 1915 folgte die Periode, in der Gurdjieff Ouspensky kennenlernte und letzterer seine eigenen Anhänger zu ihm brachte. Während der Kriegsjahre, bis zur Revolution, experimentierte er mit verschiedenen Gruppen, dann zog er sich in den Kaukasus zurück. Sein Vater wurde bei der Eroberung von Kars durch die Türken am 25. April 1918 getötet.

Über Gurdjieffs Aktivitäten in der Zeit von 1915 bis 1919 ist deshalb so viel bekannt, weil Ouspensky in seinem Buch *Auf der Suche nach dem Wunderbaren* darüber berichtet. Wir dürfen jedoch nicht vergessen, daß Ouspensky nur einen kleinen Teil der Arbeit Gurdjieffs kannte. Einige Experimente, die Gurdjieff begonnen hatte, stellte er später wieder ein und fing statt dessen an, auf völlig andere Weise zu arbeiten. Deshalb ist das, was er später an praktischer Arbeit tat, einer völlig anderen Phase zuzuordnen.

Nun fragen Sie sich vielleicht, womit er denn experimentierte. An dieser Stelle muß ich zunächst einmal allgemein feststellen, daß es äußerst schwierig ist, *Einsichten* aus einer bestimmten (kulturellen) Umgebung in eine andere zu transferieren. Zweifellos existiert in Asien ein überliefertes Wissen, das für die Menschheit von großer Bedeutung ist. Im Gegensatz zu dem, was gewöhnlich angenommen wird, ist dieses Wissen wahrscheinlich im sogenannten Mittleren Osten höher entwickelt als in Indien und im Fernen Osten. Doch spielt es letztlich keine Rolle, woher es stammt, wichtig ist vielmehr, daß es äußerst schwierig ist, dieses Wissen in unsere europäische Welt zu transferieren. Das ist weitaus schwieriger, als die meisten Menschen glauben. Es hat mehrere verfrühte Versuche gegeben, Vorstellungen und Methoden aus Indien, China, Japan und dem Mittleren Osten in den Westen zu bringen – Wissen aus buddhistischen, hinduistischen, tantrischen, zen-buddhistischen, sufistischen und anderen Quellen. Dabei traten ungeheure Schwierigkeiten auf. Diejenigen, die versuchten, das Wissen in den Westen zu bringen, waren entweder Europäer, die nur unvollkommen assimiliert hatten, was der Osten zu bieten hatte, oder Asiaten, die die europäische und amerikanische Kultur und Zivilisation' nur unzureichend verstanden. In fast allen Fällen unterliefen diesen Menschen schwerwiegende Fehler. Sei es, weil sie versuchten, Dinge, die unter bestimmten, in Asien gegebenen Voraussetzungen extrem gut funktionierten, ohne jede Modifikation auf die völlig anderen Verhältnisse im Westen zu übertragen, oder indem sie es dem Westen anzupassen versuchten, ohne die Andersartigkeit ihrer neuen Umgebung wirklich begriffen zu haben.

Eine der wichtigsten Aufgaben, die Gurdjieff sich stellte, war herauszufinden, wie er das, was er hauptsächlich in Asien und in geringerem Maße auch in Afrika gefunden hatte, den Menschen des Westens praktisch zugänglich machen könnte. Er benötigte ungefähr drei Jahrzehnte ständigen Experimentierens, bevor er eine Methode fand, die ihn hinreichend zufriedenstellte, obgleich er diese Arbeit mit zwei beträchtlichen Vorteilen begonnen hatte: Er selbst war europäischer Abstammung und hatte jene Mängel der menschlichen Natur untersucht, die es zu überwinden galt. Seine Studien bezogen sich jedoch nicht ausschließlich auf die Vervollkommnung des Menschen – beispielsweise durch Methoden wie das unmittelbare Eintreten in den Zustand tieferen Bewußtseins in der Meditation –, sondern er hatte auch jene Hindernisse in unserer Natur gründlich erforscht, die uns verwehren, ein normales Leben zu führen. Dies war sicher von großem Vorteil, als er mit Menschen des Westens in Kontakt kam, weil sich diese Hindernisse in Ost und West gar nicht so sehr voneinander unterscheiden. Der eigentliche Unterschied zwischen dem Osten und dem Westen liegt vielmehr darin, daß wir *andere* Dinge glauben als die Menschen des Ostens und daß wir *andere* Hoffnungen hegen als die Asiaten. Deshalb fällt es uns so schwer, einander zu verstehen. Es geht eigentlich weniger darum, daß sich unsere Natur unterscheidet, sondern darum, daß wir auf Dinge vertrauen, denen sie nicht im Traum vertrauen würden; und andererseits vertrauen sie Dingen, denen wir kein Vertrauen schenken würden.

Die Aufgabe, die Gurdjieff sich von etwa 1910 bis Anfang der dreißiger Jahre stellte, steht in Zusammenhang mit seiner Aussage, er habe sich einundzwanzig Jahre lang gezwungen, ein unnatürliches Leben zu führen. Danach lebte er für kurze Zeit normal und kehrte anschließend wieder zu jener schwer zu begreifenden Lebensweise zurück.

Ich werde nun etwas über das Endergebnis von all dem sagen: Gurdjieff war sich völlig im klaren darüber, wie wichtig es für den Menschen ist, daß er die Stoffe, die er braucht, um Veränderungen zu bewirken, erzeugen und kontrollieren kann. Ihm war klar, daß man einen Prozeß so lange nicht verbessern kann, wie man ihm den falschen Antriebsstoff zuführt. Um eine Aktion zu verfeinern, braucht man einen verfeinerten Antriebsstoff.

Hinsichtlich der Stoffe bestehen kaum Zweifel, daß Gurdjieff irgendwann zu Anfang dieses Jahrhunderts auf eine Idee stieß, die er später in *Beelzebub* im Kapitel über den Krieg[7] beschrieben hat. Dort berichtet er über den gelehrten Kurden Attarnach. Dieser entdeckte, daß der Grund für Kriege nicht im Verhalten menschlicher Wesen zu suchen sei, sondern in der Notwendigkeit der Gewinnung eines bestimmten Stoffes, was nur auf zwei Arten möglich sei: entweder durch die bewußte und willentliche Aktivität von Menschen oder durch ihren Tod. Wenn die Menschen diese Substanz nicht willentlich produzieren, muß die Zahl der Todesfälle – und insbesondere der vorzeitigen Todesfälle – auf der Erde erhöht werden. So wird Krieg unvermeidlich. Nach dieser Theorie kommt es zu Kriegen, weil der Mensch es versäumt, seine kosmischen Pflichten zu erfüllen. Infolge seines Versagens entsteht ein Zustand, der Krieg unvermeidlich macht, und wenn es nicht zum Krieg kommt, so muß auf andere Weise der vorzeitige Tod von Menschen bewirkt werden. Da dieser Theorie zufolge die erforderliche Substanz durch jede beliebige Art von Tod freigesetzt wird, kann das gewünschte Ergebnis angeblich auch durch eine ungeheure Zunahme der Weltbevölkerung erzielt werden, so wie es in unserem Jahrhundert der Fall ist. Dies deutet Gurdjieff am Ende des 43. Kapitels des *Beelze-*

bub an, wo er von Wölfen, Ratten und Mäusen spricht.[8] Zweifellos werden Sie auch bemerkt haben, daß dieser Prozeß in irgendeiner Weise mit dem ›Füttern des Mondes‹[10] in Verbindung steht.

Gleich, ob wir diese Hinweise buchstäblich oder im übertragenen Sinne verstehen, es kann kein Zweifel darüber herrschen, daß Gurdjieff auf eine Wahrheit gestoßen ist, die für uns alle von größter Bedeutung ist: Der Mensch muß entweder eine gewisse Pflicht erfüllen, deretwegen er auf Erden existiert, oder er wird gezwungen, so zu leben und zu sterben, daß er die von ihm erwartete Leistung auch ohne, ja sogar gegen seinen Willen erbringt.

Man kann die Idee auch ganz einfach formulieren: Willentliche Handlungen, die für einen gerechten Zweck ausgeführt werden, bewirken, daß ein bestimmter Stoff freigesetzt wird. Ein Teil dieser Substanz wird bei der Bewältigung der Aufgabe verbraucht; ein weiterer Teil der Energie steht für den besagten Zweck zur Verfügung; und der dritte Teil der Energie steht dem Betreffenden für seine Vollendung, seine innere Entwicklung und für die Vergeistigung seiner Person zur Verfügung. Das menschliche Leben sollte so organisiert sein, daß eine genügend große Zahl von Menschen diese Energietransformation bewußt in Angriff nimmt, denn nur auf diese Weise sind die Gefahren des menschlichen Lebens abzuwenden.

Diese Überzeugung ist in einer etwas anderen Form auch im Westen bekannt, nämlich in Form der Lehre vom stellvertretenden Leiden (Christi, A. d. Ü.) und von der Übertragbarkeit von Verdiensten. Gurdjieff hielt es für äußerst wichtig, daß die Menschen diese Pflicht erkennen und erfüllen. Er glaubte, nur auf diese Weise könne eine große Gefahr von der Menschheit abgewendet werden. Gurdjieff bemühte sich, Bedingungen zu schaffen, unter denen Menschen, die dazu bereit waren, erfahren konnten, wie diese Transformation von Stoffen sich bewerkstelligen läßt – mit anderen Worten, wie der Mensch seine kosmische Pflicht erfüllen kann. Das Prinzip lautet, daß er durch Erfüllung dieser Pflicht sowohl seinen Mitmenschen als auch seiner eigenen Seele dient.

Dies steht in enger Verbindung zum Problem der Suggestibilität. Die Menschen müssen sich, um ihre kosmische Pflicht erfüllen zu können, von ihrer Suggestibilität befreien. Sie müssen unabhängig und frei sein und bewußt die Pflichten auf sich nehmen, denen sie nachkommen müssen. Die Menschen müssen lernen, sich von ihren Illusionen und Schwächen zu befreien, die sie anfällig für Suggestionen und zügellos machen. Darüber hinaus müssen sie lernen, die ihnen zugedachte kosmische Aufgabe zu erfüllen. Natürlich kann man letzteres in Form von Moralgesetzen vorschreiben oder in Form einer religiösen Lehre und Praxis. Allgemein gesagt sind dies die *Wege der objektiven Moral*. Jeder, der ernsthaft und aus ganzem Herzen eine Religion praktiziert und ihre Gebote einhält, kommt zu dem gleichen Ergebnis, wie die bewußte Umwandlung von Stoffen es bewirkt. Die Art dieser Menschen zu *leben* erzeugt dann das, was andernfalls nur durch *Sterben* erreichbar ist. Dennoch besteht sowohl die Möglichkeit als auch die Notwendigkeit, daß eine begrenzte Anzahl von Menschen dem sogenannten *Weg der beschleunigten Vollendung* folgt. Dieser Weg kann verschiedene Formen annehmen, von denen einige mit einer Religion in Verbindung stehen, andere nicht. Doch ist allen gemeinsam, daß sie eine exaktere und stärker auf die jeweilige Person abgestimmte Transformationsarbeit erfordern, als dies durch bloßes Befolgen von Gesetzen möglich ist, von Geboten, die für alle Anhänger einer Religion formuliert sind und von daher notwendigerweise ziemlich allgemein und oft sehr vage ausfallen müssen. Unter den Wegen der beschleunigten Vollendung gibt es einen, der als *Vierter Weg* bezeichnet wird. Charakteristisch für ihn ist die Erfüllung aller Pflichten des normalen Lebens in Verbindung mit einer sehr genau umrissenen und sehr intensiven persönlichen Arbeit.

Jedem, der Gurdjieffs Schriften gelesen hat und ein wenig über sein Leben weiß, ist klar, daß sich sein Interesse völlig auf diesen Vierten Weg konzentrierte. Er verlangt von denen, die ihm folgen, ein Höchstmaß an Intelligenz, Anpassungsfähigkeit und innerer Freiheit. Gilt es doch, die Voraussetzungen zu schaffen, um die Pflicht zur Transformation erfüllen zu können, ohne die allen Männern und Frauen auferlegten alltäglichen Pflichten zu vernachlässigen. Damit kommen wir zu einer einfachen praktischen Frage: Welche Voraussetzungen müssen gegeben sein, damit der Mensch seine kosmische Pflicht erfüllen kann? Wer den Vierten Weg nicht kennt, muß den Eindruck gewinnen, dies sei am besten durch einen völligen Rückzug aus dem alltäglichen Leben zu erreichen. Die Intensivierung und Beschleunigung dieser Arbeit wurde früher als Aufgabe der Mönche und Nonnen angesehen, die zurückgezogen von der Welt lebten und ihre ganze Zeit und Energie der Umwandlung der Stoffe widmeten. Wahrscheinlich war dies in früheren Zeiten, als die Lebensbedingungen noch wesentlich primitiver waren als heute, tatsächlich eine zweckmäßige Lösung. Doch ist unsere heutige Problematik eine andere, und Gurdjieff war sich bewußt, daß infolge der gewaltigen Fortschritte in der Kommunikationstechnologie und verschiedener anderer technischer Fortschritte zwischen den Lebewesen auf der Erde heute eine wesentlich stärkere Wechselbeziehung besteht als in früheren Zeiten. Deshalb ist es in unserer Zeit nicht mehr möglich, sich ausschließlich auf den Rückzug aus der Welt zu verlassen, um zu den erforderlichen Ergebnissen zu gelangen. Vielmehr müssen Möglichkeiten gefunden werden, diese Arbeit im alltäglichen Leben zu verrichten. Wir sind in unserem Jahrhundert Zeugen eines äußerst bemerkenswerten Geschehens: Überall auf der Welt sowie im Umfeld aller großen Weltreligionen sind unter verschiedenen Namen neue Bewegungen entstanden, die sich allesamt zum

Ziel gesetzt haben, dem Menschen zu helfen, seinen spirituellen Pflichten im alltäglichen Lebenszusammenhang nachzukommen.

Sie werden nun vielleicht annehmen, alle diese Bewegungen seien dem *Vierten Weg* zuzurechnen. Leider gibt es jedoch viele Imitationen dieses Weges, denen es völlig an jener Qualität der *beschleunigten Vollendung* mangelt, welche die einzige Rechtfertigung für ein Abweichen von den Wegen der objektiven Moral ist. Dies ist ein hochinteressantes Phänomen, das ich selbst so eingehend wie möglich studiert habe. Das einzige wirklich gemeinsame Element der zwanzig oder dreißig Bewegungen, die mir bekannt sind, ist, daß sie allesamt postulieren, es sei dem Menschen möglich, ein vollkommenes Leben zu führen – sowohl äußerlich wie auch innerlich. Und das, ohne sich aus der Welt zurückzuziehen, ohne seine Alltagspflichten zu vernachlässigen – zu heiraten, Kinder zu erziehen, einer normalen Arbeit nachzugehen und so weiter. Und doch kann man alle diese Bewegungen keineswegs dem Vierten Weg zurechnen. Viele sind viel zu theorielastig und viel zu wenig praktisch, und bei anderen besteht ein Mangel an Flexibilität in den Methoden, was mit den Erfordernissen der beschleunigten Vollendung kaum vereinbar ist.

Mich beschäftigen jedoch im Augenblick nicht die fehlgeschlagenen Versuche, Zentren des Vierten Weges einzurichten, sondern mich erstaunt, wie weit die Erkenntnis verbreitet scheint, daß diese Arbeit notwendig ist. Ich halte dies nicht ausschließlich für eine Folge der veränderten Einstellung des zwanzigsten Jahrhunderts. Vielleicht verhält es sich sogar umgekehrt: Es könnte sein, daß sich unsere Sicht verändert, weil diese neue Art der Bewertung aufgetaucht ist. Das Gefühl ist entstanden, daß Menschen, die ein ganz normales Leben führen, in der Lage sein sollten, einen Beitrag zur Lösung der großen Probleme der Menschheit zu leisten. So beobachten wir beispielsweise, daß in den christlichen Kirchen der Unterschied zwischen Priestern und Laien immer stärker verwischt wird. Immer mehr wird heute auch denjenigen ein spirituelles Leben zugestanden, die keine Spezialisten wie beispielsweise Priester sind. Diese Entwicklung wäre vor hundert Jahren undenkbar gewesen. Dies gilt in gleicher Weise für den Buddhismus. Vor weniger als hundert Jahren galten im Buddhismus nur die Mönche oder Bhikkus als religiös. Der buddhistische Laie mußte sich damit bescheiden, ein normales Leben zu leben, ohne jede Hoffnung darauf, irgend etwas erreichen zu können, außer vielleicht, in einer späteren Inkarnation unter Bedingungen zu leben, die es ihm ermöglichen würden, sich aus der Welt zurückzuziehen. Die kanonischen Schriften der Buddhisten – die *Pali Pitakas* – sind völlig auf die Vorstellung fixiert, daß das Leben des Bhikku – desjenigen, der der Welt entsagt – unbedingt dem des gewöhnlichen Laien überlegen ist. Im zwanzigsten Jahrhundert hat der Buddhismus diese traditionelle Vorstellung weitgehend aufgegeben, und es gibt heute buddhistische Bewegungen wie die Satipatthana-Bewegung in Burma, die gewöhnliche Laien lehrt, durch Meditation ein Maß an spiritueller Entwicklung zu erreichen, wie es zuvor nur den Bhikkus zugestanden wurde.

Nachdem ich die Idee des Vierten Weges angesprochen habe, muß ich noch ein weiteres wichtiges Merkmal dieses Weges erwähnen, nämlich daß er keine dauerhafte Form, keinen dauerhaften Ort und kein Zentrum hat. Vielmehr ist er ständig in der Entwicklung und Neuanpassung begriffen. Der Grund hierfür ist nicht die Verbesserung der Inhalte, sondern die Erfüllung der gestellten Aufgabe. In der Welt muß eine bestimmte *Arbeit* getan, ein *Werk* vollendet werden, und um dies zu tun, müssen einige Menschen das hierzu erforderliche Verständnis entwickeln. Menschen, die unter Suggestibilität leiden, einer Schwächung ihrer Beziehung zur äußeren Welt, Menschen, die sich selbst nicht kennen – besonders diejenigen, die im Zustand des gewöhnlichen, ›umgekehrten‹ Bewußtseins verharren –, diese Menschen können die ihnen gestellte Aufgabe mit ihren verschiedenartigen Anforderungen nicht wirksam verrichten. Deshalb müssen diejenigen, die in dieser Hinsicht Verantwortung übernommen haben, anderen Menschen helfen, sich vorzubereiten, falls diese es wünschen und wollen.

Damit kommen wir zu einer sehr wichtigen Unterscheidung. Zunächst einmal gibt es den für das zwanzigste Jahrhundert charakteristischen Glauben, daß spirituelle Entwicklung in unserer

Zeit nicht bedeutet, sich aus der Verantwortung des alltäglichen Lebens zurückzuziehen. Man braucht das spirituelle Leben also nicht zum Beruf zu machen. Das ist der erste allgemeingültige Gedanke, der alles durchdringt, sowohl die religiöse Praxis unserer Zeit als auch die verschiedensten neu entstandenen Bewegungen. Ein zweiter Gedanke wird weniger klar verstanden: Eine beschleunigte Entwicklung ist mit der Verrichtung einer bestimmten *Arbeit* verbunden. Die Idee des Vierten Weges ist mit diesen beiden Prinzipien vollständig erfaßt: Erstens bleibt man ins Alltagsleben integriert, und zweitens muß man die Verantwortung übernehmen, eine bestimmte Arbeit zu verrichten, die ein höherer kosmischer Zweck erforderlich macht.

Nach Gurdjieff geht es bei letzterem um die Transformation von Stoffen, durch deren Bildung das Schicksal der gesamten Menschheit zum Positiven gewendet werden kann. Dies kann viele verschiedene Formen annehmen: die Form künstlerischer Tätigkeit, die Form gewisser sozialer Organisationen, die Form der Übermittlung besonderer Arten von Wissen. Oder aber auch die der Erforschung der menschlichen Existenz, der Vorbereitung auf die Zukunft und auf gewisse andere Aufgaben, die spezifischer mit der Transformation bestimmter Stoffe verbunden sind.

Nach langjährigen Studien und nachdem ich eine große Anzahl Menschen kennengelernt habe, die in diesem Bereich tätig sind, bin ich mir ziemlich sicher, daß tatsächlich eine solche

Arbeit existiert; daß es Menschen gibt, die sie auf eine Weise verstehen, die oberflächlich nicht leicht zu erkennen ist. Folglich gibt es praktisch ein *zweifaches Leben* auf der Erde: das sichtbare, äußere Leben, an dem wir alle teilnehmen, und das unsichtbare Leben, an dem wir nur dann teilnehmen, wenn wir uns dafür entscheiden. Man könnte das erste Leben als kausales Leben bezeichnen; in jenem Leben produzieren Ursachen, die in der Vergangenheit liegen, Folgen, die in der Gegenwart erwartet und in der Zukunft Realität werden. Man kann dies auch als den Fluß der Ereignisse bezeichnen. Natürlich wird es auch Samsara oder Rad des Lebens genannt und hat noch viele andere Namen, doch im Grunde ist es das ganz normale Leben, das wir alle führen. Das zweite Leben ist *nicht-kausal;* es existiert nur, insofern es erzeugt wird. Es ist das Leben der *Kreativität.* Jeder rechtschaffen ausgeführte kreative Akt ermöglicht es, an jenem zweiten Leben teilzunehmen. Die Suche nach der Schöpfung ist die Suche nach jenem Leben.

Schöpfung variiert unendlich in ihren Inhalten und Formen. In allem Geschehen kann sich Kreativität äußern. Deshalb kennt schöpferische Tätigkeit keine Grenzen. Doch die große Mehrheit der Menschen gibt sich mit dem ersten, gewöhnlichen Leben zufrieden. Einige wenige Menschen suchen nach dem anderen Leben, weil sie das Bedürfnis haben, sich kreativ zu betätigen, und weil sie erkannt haben, daß man nur halb lebt, wenn man sich nicht kreativ äußert.

Dies ist mit dem Wort *Arbeit* gemeint, und wenn wir über ›die Arbeit‹ oder über das Große Werk sprechen – das *Magnum Opus* –, so bezieht sich dies auf die unsichtbare Welt, die ständig geschaffen werden muß, damit sie *ist*. Hierzu werden wir berufen, wenn wir dazu bestimmt sind, die Vollendung zu beschleunigen. Um in jene Welt einzutreten, müssen wir uns das Recht dazu verdienen, etwas einbringen, das wir *selbst gemacht haben*. Das erste und einfachste, was wir einbringen können, ist unsere Fähigkeit zu arbeiten, unsere Fähigkeit, Energie zu transformieren und auf diese Weise am Schöpfungsprozeß teilzunehmen. Dies kann sich später zu speziellen Formen der Kreativität entwickeln, je nach den objektiven Bedürfnissen und unseren subjektiven Kräften.

Zweifellos ist der Vierte Weg die direkte Anwendung des Prinzips der Kreativität im Leben. Deshalb bezeichne ich ihn als *nicht-kausal*. Er muß immer ohne jede Ursache beginnen. Ein spontaner Ruf aus dem Jenseits macht dies möglich. Ich werde hierüber nicht ausführlicher sprechen, weil ich sonst einen philosophischen Vortrag halten müßte und Gefahr laufen würde, philosophische Fragen beantworten zu müssen. Ich will einfach nur sagen, daß eine Arbeit zu verrichten ist und daß einige Menschen das Gefühl haben, ihr Leben sei unvollständig, wenn sie nicht an dieser Arbeit teilnähmen.

Gurdjieff fand eine direkte Möglichkeit, an der Arbeit teilzunehmen, und er versuchte, eine Form zu entwickeln, die auch uns Menschen der

westlichen Welt die Teilnahme daran ermöglichen soll. Sicherlich hat er diese Form nicht
selbst geschaffen, und er war auch nicht der Begründer des Vierten Weges – doch ich gestehe
Gurdjieff in bezug auf bestimmte Dinge eine besondere Inspiration zu, die sich auf den Übergang von der vergangenen in die neue Epoche
bezieht, in welche die Menschheit gegenwärtig
eintritt. Für die Zukunft der Welt ist die bevor-
stehende Vereinigung aller Formen menschlicher Erfahrung wichtig. Die Arbeit im Sinne
Gurdjieffs ist darauf gerichtet, Menschen zusam-
menzuführen, nicht darauf, sie voneinander zu
trennen. Ich bin mir sicher, daß dies eine sehr
augenfällige Eigenschaft unseres zwanzigsten
Jahrhunderts ist. In gewisser Weise beschwört
die Verpflichtung zu vereinigen die schwerwie-
gendsten Reaktionen herauf. Deshalb haben wir
schreckliche Kriege, Feindseligkeiten und Haß
erlebt. Doch wenn man nachschaut, was hinter
all dem steckt, so stellt man fest, daß es aus der
Notwendigkeit zu vereinen, statt zu trennen, re-
sultiert. Eine ganz offensichtliche Begleiterscheinung dieser Entwicklung ist die wachsende
Toleranz in der Welt und die zunehmende ge-
genseitige Anerkennung der Völker, was vielleicht das Hoffnungsvollste unseres Jahrhunderts mit all seinen anderen, eher bedrückenden
Erscheinungen ist.

Welche praktische Bedeutung hat nun dies alles für uns, und worum ging es Gurdjieff? Ein
sehr interessanter Hinweis findet sich in Vorträgen, die er Anfang der dreißiger Jahre in New

York gehalten hat (ich glaube, er ist in keiner der veröffentlichten Schriften zu finden). Auch in *The Herald of Coming Good* bezieht er sich darauf. Ich spreche von seiner Hoffnung, daß man auf der Erde Klubs einer neuen Art gründen werde. Dies war ihm ein sehr ernstes Anliegen, obgleich es ihm nicht mehr gelang, es zu seinen Lebzeiten in die Tat umzusetzen. Er hatte erkannt, daß man den Menschen die Möglichkeit geben muß, sich zu treffen und Erfahrungen auszutauschen. Doch die Art, wie sie dies unter den heutigen Voraussetzungen tun, ist närrisch. Wenn sie Erfahrungen austauschen, reden sie gewöhnlich nur über sehr triviale und äußerliche Dinge, und dies unter sehr formalisierten und ritualisierten Bedingungen. Gurdjieff wollte den Menschen die Möglichkeit geben, zusammenzukommen und Erfahrungen auszutauschen. Er wollte möglichst viele verschiedene Arten von Menschen miteinander in Kontakt treten lassen, damit sie ihre Erfahrungen vergleichen konnten und das Verständnis der Probleme des menschlichen Lebens und der Lebensführung sich ausbreiten würde. Bis zum Ende seines Lebens sprach Gurdjieff über die Bedeutsamkeit dieses Problems. Mit anderen Worten: Was er beabsichtigte, war keineswegs esoterisch oder verborgen; im Gegenteil: Es ging ihm gerade darum, so viele Menschen wie möglich zu der Erkenntnis zu bringen, daß dieses Problem im menschlichen Leben besteht und man diese Erkenntnis mit anderen Menschen teilen sollte. Er sah es als unvermeidlich an, daß verschiedene Interpretationen der Problematik auftauchen würden, und er hoffte, daß auf irgendeine Weise eine Möglichkeit gefunden werde, einander auf einer gemeinsamen Grundlage zu begegnen. Ich vermute, er hatte gehofft, zu seinen Lebzeiten zumindest mit der Realisation dieser Idee beginnen zu können, doch hatte er damit geradezu auffällig wenig Erfolg. Sein erster Versuch in Frankreich, in Fontainebleau, schlug fehl, und als er Ende der dreißiger Jahre einen neuen vielversprechenden Ansatz machte, brach der Zweite Weltkrieg aus. Nach diesem Krieg war er zu krank und stand schon zu kurz vor seinem Tode, um noch viel ausrichten zu können, obgleich er noch einmal einen sehr ernsthaften Versuch unternahm, außerhalb von Paris ein Zentrum zu eröffnen.

Gurdjieff hoffte, daß seine Entdeckungen und Erkenntnisse zu diesem Thema ohne Einschränkung und ohne jede Form von Geheimhaltung verbreitet würden. Die Menschen sollten erkennen, daß jeder, der dazu bereit ist, so leben kann, daß sich dies in der kreativen Welt produktiv auswirkt. Für manche kann dies noch wesentlich weiterreichendere Konsequenzen haben, und sie können zu dem gelangen, was Gurdjieff als ›beschleunigte Ergebnisse‹ bezeichnete. Mit Sicherheit war er der Meinung, daß es auch anderen Menschen möglich sei, an diesem allgemeinen Prozeß teilzunehmen, selbst wenn sie nicht die gleiche Intensität des Lebens erreichen würden wie er. Denjenigen, die in diesem Bereich über mehr Kraft verfügen, ist die Verpflichtung auferlegt, mit anderen zu teilen, so daß es zu einer allgemeinen Verbreitung des Verständnisses und Praktizierens dieser Lebensweise kommen kann. Dies ist eng mit der Umwandlung der Stoffe verbunden. Einfacher ausgedrückt bedeutet es, daß diejenigen, die spirituell stark sind, denen helfen können, die in spiritueller Hinsicht schwach sind – nicht durch äußere Akte, sondern indem sie ihnen einen Teil der ›Substanz der Arbeit‹ abgeben. Sie ähnelt jener Substanz, die die Arbeitsbienen produzieren und welche die Arbeit der Bienenkönigin ermöglicht. Diesen äußerst wichtigen Gedanken erläuterte mir Gurdjieff erstmals im Juli 1923, ich selbst habe ihn kurz in meinem Buch *Witness* angesprochen. Wenn Sie dies verstehen, sind Sie dem Verständnis der Essenz des menschlichen Lebens auf Erden sehr nahe. Gurdjieff hatte die Macht, die ›Substanz der Arbeit‹ zu erzeugen, und diejenigen unter uns, die ihn kannten, haben davon profitiert. Doch es gibt andere und mächtigere Reservoire dieses Stoffs, als irgend jemand von uns produzieren kann.

So kommen wir wieder zu der Frage zurück, welche Rolle Gurdjieff selbst für die gesamte auf der Erde stattfindende Transformationsarbeit gespielt hat. Gurdjieff hat durch seine merkwürdige Art der persönlichen Lebensführung, die ich an früherer Stelle als *Weg des Tadels* bezeichnet habe, eine Menge Verwirrung gestiftet. Viele haben daraus den Schluß gezogen, die Arbeit müsse unter allen Umständen abstoßend wirken. Ich bin mir sicher, daß dies nicht Gurdjieffs Absicht war. Er wollte lediglich vermeiden, daß Menschen von *ihm* abhängig wurden, daß sie ihre Suggestibilität auf ihn projizierten und ihn zu einer Art Führerpersönlichkeit machten. Sein Ziel war, Menschen frei zu machen. Nur für ihn selbst war der Weg des Tadels eine Notwendigkeit. Wenn er sah, daß jemand ihn nachahmte, so wurde er wütend und sagte: »Das ist völlig überflüssig für dich und eine Dummheit.« Mit anderen Worten, wenn Menschen, die mit ihm in Verbindung standen, anfingen, sein ziemlich unbegreifliches Verhalten zu imitieren, und damit Tadel auf sich selber lenkten, machte er ihnen gnadenlos klar, daß dies bei ihnen völlig überflüssig sei und deshalb falsch. Bei ihm selbst war es eine Notwendigkeit wegen der besonderen Aufgabe, die er sich gestellt hatte.

Mit Sicherheit hatte er eine besondere Art von Verpflichtung übernommen, eine bestimmte Arbeit zu tun. Er sollte nicht die Position eines großen Lehrers mit vielen abhängigen Schülern einnehmen. Oft war es ganz offensichtlich, daß er, wenn er nur gewollt hätte, seine Macht hätte benutzen können, Menschen an sich zu binden. Er hätte Tausende um sich versammeln und seine Methoden auf diese Weise verbreiten können – seine Methoden sind tatsächlich äußerst wertvoll für Menschen, die ein besseres Leben unter Tausenden, statt in einem ziemlich kleinen Kreise leben wollen. Doch unterließ er aus einem Grunde, den ich zu kennen glaube, absichtlich alles, was in diese Richtung geführt hätte.

Ich habe versucht, eine Vorstellung von diesem eigentümlichen Menschen zu vermitteln und von der Art, wie seine Arbeit sich entwickel-te. Ich bin überzeugt, daß all dies wesentlich wichtiger für die gesamte Problematik der Menschheit ist, als die meisten Menschen ver-muten. Gurdjieff gab sich große Mühe, seine Rolle zu spielen, doch ist dies keineswegs die ganze Geschichte. Zur Zeit befindet sich die ganze Welt in einem allumfassenden kreativen Prozeß, der zum Ziel hat, den Menschen über das derzeitige Intervall hinaus in einen neuen Zyklus zu befördern, auf daß dieser neue Zyklus ohne allzu große Behinderungen aus der Ver-gangenheit beginnen kann. Dies geschieht auf vielfältige Weise und in einer komplizierten Wechselwirkung. Je älter ich werde, um so mehr davon sehe ich. Die Situation, in der ich lebe, ermöglicht es mir, diesen Prozeß in allen Teilen der Welt zu beobachten. Ich bin wirklich er-staunt über die außergewöhnliche Macht, die übermenschliche Intelligenz und das überlegene Bewußtsein, welche jene verborgenen, für die Menschheit so wichtigen Prozesse steuern.

Ich habe darüber nicht nur gesprochen, um über Gurdjieff zu plaudern. Vielmehr hoffe ich, Klarheit darüber geschaffen zu haben, daß Gurdjieffs Werk heute in einer bestimmten Rich-tung auf sehr produktive Weise fortgeführt wer-den kann.

Anmerkungen

1 Ouspensky. P. D.; *Auf der Suche nach dem Wunderbaren*, Bern/München 1978, S. 253.

2 Gemeint ist Johannes Keplers *Mysterium Cosmographicum*, Tübingen 1596. In diesem Buch wird das Geheimnis des Universums auf der Grundlage von Zahlen und den Größen der Himmelskörper beschrieben – erklärt im Sinne der fünf regelmäßigen geometrischen Figuren. Dieses erstaunliche Dokument wurde von I. Schwaller de Lubicz in *The Egyptian Miracle*, S. 151 bis 163, ins Englische übersetzt.

3 Dem Begründer von Subhud, A. d. Ü.

4 Gurdjieff. G. I.; *Beelzebub*, Basel 1981, S. 927.

5 Bis zum Zeitpunkt dieser Vorträge, A. d. Ü.

6 Die wichtigste Informationsquelle hierfür ist *The Herald Of Coming Good.*

7 Gurdjieff, G. I.; *Beelzebub*, Kapitel 43, S. 1123: Beelzebubs Ansicht über den periodischen gegenseitigen Vernichtungsprozeß der Menschen.

8 Ouspensky. P. D.; *Auf der Suche nach dem Wunderbaren*, a. a. O. S. 123.

9 Weitere Details in *Beelzebub*, S. 1160 ff.

10 Bennet, J. G.: *Witness*, S. 116.

John G. Bennett stand mehr als dreißig Jahre mit Gurdjieff in Verbindung, und mehr als fünfzig Jahre trug er dazu bei, Gurdjieffs Ideen zu verbreiten. Er hatte den Vorteil, sich mit Gurdjieff in dessen Muttersprache unterhalten zu können. Durch seine vielfältigen Sprachkenntnisse war es ihm zudem möglich, die besonderen Sprachschöpfungen Gurdjieffs zu entziffern.

John G. Bennett war einer der wenigen, die sich so tief in die Gedankenwelt Gurdjieffs einfühlen konnten. Seine klaren und präzisen Darlegungen zur Person und der Lehre sind denn auch keine bloßen Interpretationen: Es ist ein ebenso eigenständiges Werk, das in mancher Hinsicht die Leser weiter führt, als Gurdjieff es selbst vorgesehen hatte. Bennett starb im Dezember 1974 mitten in der Arbeit.

Einblicke in das Leben des großen spirituellen Meisters

G. J. Gurdjieff
Begegnungen mit bemerkenswerten Menschen

Vollständig überarbeitete Neuauflage 385 Seiten, broschiert

Gurdjieff gibt mit diesem Werk Geheimnisse seines rätselhaften Lebens preis. In der Wiedergabe von Anekdoten und Begegnungen wird sein großes Lebensziel deutlich – die Suche nach Bewußtsein.